每天15秒塑形法
打造凹凸有致好身材

[日]小野咲 著

牛森林 译

江苏凤凰文艺出版社
JIANGSU PHOENIX LITERATURE AND ART PUBLISHING, LTD

前 言

身体下垂

随着年龄的增长，我们身体的一些部位会变得松垂，更难甩掉臃肿的脂肪，这是为什么呢？

双十年华耸立的**双峰**，渐渐不再挺拔；**双臂**慢慢变得粗壮，失去了年少时的娇美；本想美美地戴上文胸，**赘肉**却喷薄欲出；平坦的**腹部**因脂肪的积累而不断凸起，光滑不再；姣好的面庞上也慢慢爬上了细微的法令纹……

诸如这些变化，都在提醒我们：**“我们的身体开始下垂了！”**

每个女人都想年年都是十八岁，天天都是美少女。但是，岁月是把杀猪刀，它在我们的身体上深深地刻下了重力的痕迹——**下垂**。

究其原因，是与“肠道的位置”有关！

为什么我们的身体会出现这种可怕的“下垂”呢？我就不卖关子了，这其实是与“肠道的位置”有关。如果肠道的位置下移了，那么赘肉的下垂就会光顾我们全身的各个部位。

我从小时候起就深受**严重便秘**的折磨，在这里也不藏着掖着了，一股脑儿地告诉大家。便秘的滋味儿可真是超级难受，我曾胡乱试了许多有助于排便的食物和饮料，甚至吃坏肚子，引起腹泻。

我虽然一直饱受便秘的折磨，但直到在小儿急救和便秘门诊做护士时，才真正重视这个问题。

在便秘门诊，我经常会听到医生这么说："就是因为肠道受损了，病情才会这么严重的。便秘的时候，肠道十分脆弱。"得知这一真相后，我便缠着便秘门诊的医生恶补关于肠道的知识。经过学习，我认识到，**肠道的位置至关重要**。

我曾尝试过各种减肥方法，却仍是一身五花肉。后来，当我知道：**"无论怎么努力减肥也瘦不下来的症结是肠道的位置""便秘是由于肠道下垂"**时，真是目瞪口呆。

肠道位置下垂的话，身体曲线就会渐渐接近"梨形"，进而引发各种各样的问题。而且，**女性的肠道超级容易下垂**。可悲的是，"肠道会下垂"这一事实以及其下垂之后对身材造成的毁灭性破坏却鲜为人知……

我深感，这样下去会有越来越多的女性朋友出现肠道下垂的问题！因此，我成立了一家以通过调理肠道塑造曼妙身材和健康体格为宗旨的肠道美容沙龙"GENIE"。迄今为止我的沙龙已经接待了

5000 多位顾客，一直致力于提升肠道位置。

肠道按摩逐渐普及，女性朋友们更加关注“肠道和美容”这一课题，因此，有更多的女性朋友光临我的沙龙。我询问了一些顾客，她们中的大多数都不太在意“肠道位置”的问题。

但是，她们在沙龙尝试了我所开发的“肠道提升法”之后，肠道位置都出现不同程度的上移，身材也发生了戏剧性的改变。对此她们都惊讶不已。

“身体下垂”的超易懂理论

首先从物理上讲，肠道位置下移的话，周围的器官和肉肉也会下降。看一下人体模型就明白了。肠道位于内脏聚集地的下方，肠道下垂，肝脏和胃等器官也会跟着下移。这就是破坏优美的身体曲线的元凶。

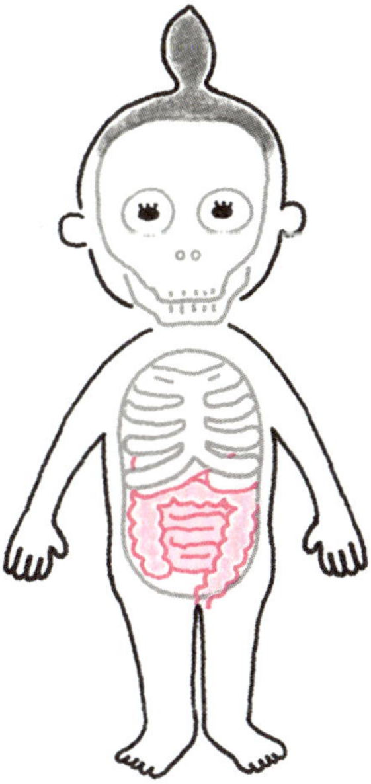

“肠”是“空肠”“直肠”“十二指肠”等大约十个肠道的总称。名字虽各异，但由于都有一个“肠”字，所以它们都是同一个“家族”。这十个肠道分为“小肠”“大肠”两个家庭，它们毗邻而居，是睦邻友好的“两家人”。将它们首尾相连总长度为7～9米。

7～9米，仅凭这个数字我们就能感受到它们的重量！在身体里也是“很占地儿”的器官。打个比方来说，肠道像是**救火用的消防水带**，因为消防水带也是层层缠绕，然后收纳在狭小的空间里。我不由感叹:“这么长的东西，也能塞进肚子里，真是太不可思议了。”肠道像消防水带一样，被盘得紧紧的、小小的。但只是两端被固定住，像秋千一样悬挂在我们的肚子里。可想而知，又长又重的肠道仅凭两端固定，真是不轻松啊！

明白了这个隐情，大家会不会想：**“既然这么重的话，肠道会下垂也是自然而然的事了？”**

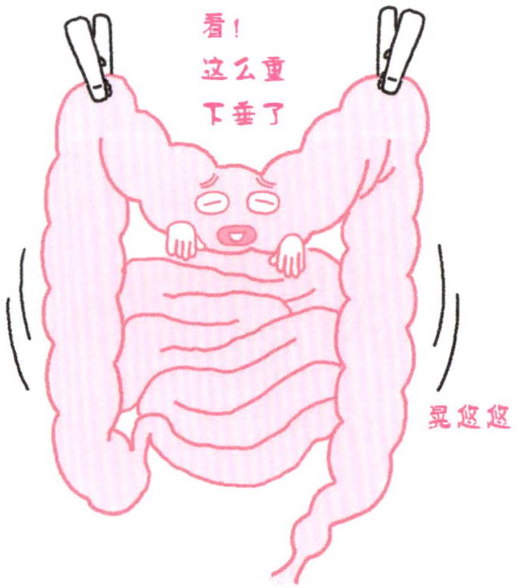

每天15秒，炼出好身材

为什么肠道会下垂呢?

首先是**由于便秘等原因而堆积在肠道里的便便**，这些便便很重，它们是造成肠道下垂的主要原因之一。其次，**随着年龄的增长，我们肌肉的力量会衰退**。此外，与男性相比，女性身体里支撑肠道的肌肉本来就很少。

从生理构造的角度来讲也是如此，**比起其他的器官，肠道更容易受重力的影响**。举个例子，我们的心脏、肺由骨头包围、支撑，且位于五脏六腑之巅，所以它们不可能下垂。

但是，**肠道只有两端被固定，极易下垂**。用漫画的形式表现便是左面那样。

如你所见，我们会变成 “污肠夫人”这种可怕的生物，真是触目惊心！ 。

“污肠夫人”，人如其名，身体里满满的都是未能被消化的食物残渣和宿便。当然，这些长期积聚的代谢物会严丝合缝地黏着在肠道内壁上。而且，在肠道内积聚的臭气会逆流而上，从肚脐和嘴巴里散发出难闻的恶臭。除了“污肠”以外，还有总是很粗糙的皮肤——**“污肌”**，吸收不到营养的枯发——**“污发”**，不能取悦自我的心灵——**“污心”**。身体中若有这“四大污王”，会让我们时

皮肤粗糙、面部松弛、梨形身材、乳房下垂、两臂无力、头发干枯、脚踝粗壮、姿态鄙陋、臀部松垂、体毛旺盛……

常陷入焦虑不安的状态。

有些女性朋友常年被肥胖、水肿、手脚冰凉和浑身乏力等困扰。其实，这都是因为她们已经沦为污肠夫人，污肠夫人的身体好似一栋**“身心问题专属公寓”**，里面住着因身体欠佳而导致的各种不良症状。

正在看这本书的你，不管你觉得污肠夫人的形象有多么不堪入目，请务必读下去。因为她就在你身边，或许，你已经和她成为朋友了。

“污肠夫人这种可怕的生物，我这辈子都不想接近她！”

如果你也这么想的话，那你需要采取一些行动阻止肠道下垂了。在这本书里我会介绍两个锦囊妙计来帮助你，一个是为解决已下垂的**肠道复位体操**，另外一个是**防止肠道下垂的生活习惯**。

如果你坚持认真做这套体操两周，肠道便会基本复位，你的身体也就瘦下来了。说是要“认真”，其实也就是每天注意力高度集中 15 秒而已，超级简单。此外，说是能够“变瘦”，也不是“全身都会瘦”这种意思。说得鼓舞人心一点，就是能使你身体该凸的地方凸，该凹的地方凹，也就是凹凸有致。

我们会主攻大家一致关注的重点部位，比如说腹部、后背、双臂和下半身。塑造“击败地心引力”的轻盈身体，使你不禁感叹：“难道生活在真空中吗，怎么感受不到重力呢？”

下面大家一起来看看肠道体操魔法般的神奇效果吧。

体重减轻 6 千克（80 后小 A）

腰围缩小 25 厘米（80 后小 B）

胸部也能抵抗地心引力了……从 B 罩杯到 E 罩杯的华丽蜕变（80 后小 C）

“变瘦了”其实只是你的身体在巨变过程中的一种现象罢了。变瘦之后如果你还继续坚持做肠道体操的话，你还能保持不下垂的肠道、战胜地心引力的体型、滋润的肌肤和美丽的心灵。因为肠道会源源不断地分泌保持这些特征所需要的免疫物质和激素。

终于排便通畅了，一天三次！

如果你正确做了肠道体操的话，一个显而易见的好处便是“**一天能拉三次粑粑**”。当然了，这和因为拉肚子而一天跑三次厕所可不一样，是一种很舒畅地拉出“健康粑粑”的体验。光顾我的沙龙的女性朋友们也是如此，在家做了肠道体操之后，很快就能一天排便三次。当然，效果也是因人而异的，**有的女性朋友是第二天才有效果的**。

在这本书里我主要想通过实例向大家传达：**“把该排的东西排出体外”才是减肥的关键**。

“我……这是……被撩了吗！？”

每天 15 秒，集中注意力做肠道体操，改变自己的生活习惯，能做到这两点，无论是谁，都能重新找回原本“不下垂的身体”。而且能够由内而外地散发光彩，变得明媚娇美，成为女人见了羡慕，男人见了思慕的“万人迷”。

人的外貌改变了，心境也会悄然转变，会变得更有自信、积极活泼，而且会更温柔体贴。

下面，举个例子证明一下这种可喜可贺的改变吧。90 后小 F 告诉我，瘦下来之后，她**有生以来第一次被撩了**。小 F 是通过做肠道体操而战胜地心引力的女性之一。她不仅减掉了腰围，还变得时髦和精于化妆，也更爱笑了。连我都不禁赞叹一句：“真是一场完美的蜕变呀！”

小 F 被撩是最近的事，还有**被求婚**的女性朋友呢。

甩掉赘肉，想凸就凸，想凹就凹。颠覆“苹果必须落到地上”的重力原理。如此神奇的**魔法肠道体操**，听我为你娓娓道来……

目录

第一章

“腹高女”身体不下垂

为什么怎么跑步也瘦不下来呢?

现在大街上身穿华丽运动装的运动女性不断增多。她们都有一个美丽的愿望——梦想通过跑步减肥。很遗憾，我早已看穿这一切——**肠道下垂了的话，无论怎么坚持跑步也绝不可能变瘦。**即使体重暂时减下来了，不久便会反弹。

怎么跑也瘦不下来。对此，我是有发言权的。坦白地讲，我曾经也做过这种傻事。（偷笑）我有一段黑暗的历史，二十多岁的时候，为了变瘦盲目坚持跑步，却以失败告终。大约有两个月，我每天坚持跑步 5 千米，体重却只下降了 1 千克，而且很快便反弹了，真是令人哭笑不得。但是开始做肠道体操之后，体重以看得见的速度下降了。这是因为我的肠道不再是“下垂的肠道”了。

“下垂的肠道”，顾名思义是肠道位置下移的状态。肠道下垂的话，其他器官也随之下垂，最终导致全身松垂。另外，肠道下垂不仅使肠道功能恶化，还会压迫肠道后方的血管，引起一些并发症：**血流不畅、代谢功能衰退、水肿（水分积聚所致）、手足冰冷、代谢物堆积、便秘。**

按照这种剧情发展，下一步就是全身逐渐松垂了。不管怎么说，下垂的肠道都是**肥胖的“真凶”**。下垂的肠道一日不除，我们就一天不能摆脱“满身肉褶子的小胖子”的戏称。

无论是通过运动、饮食还是其他方法减肥，都不过是杯水车薪，最终半途而废，以“减肥什么的，还是算了吧”这样的想法而告终。

想想那时肠道下垂却运动不息的自己，现在觉得真是白跑了。我牢记那段黑暗历史的教训，写下这本书，想和大家探讨一下怎么成为“腹高女”。

所谓“腹高女”，是指“肠道位置高的女性”。也是对于**“肠道未下垂的健康女性”**的尊称。

肠道位置有问题的患者占九成

近年来，日本掀起空前的“肠道热”。可能会有人觉得“肠道内环境真是很重要”，然后开始改正自己的饮食习惯。但是，如果你真心想瘦的话……仅仅改善自己的肠道内环境还不能说是尽善尽美，重要的是**使下垂的肠道复原**。即使你紧跟“肠道热”的浪潮清理了肠道，肠道位置没有丝毫改变的话，也无益于全身内脏和器官位置的变化，不能达到瘦身和战胜地心引力的目的。另外，便秘的问题得不到改善，根本就不可能瘦下来。

既然已经关注到了肠道内环境的问题，为什么不再往前走一步，尝试挑战提高肠道位置呢？如果你尝试的话，一定能明显地感觉到自己“日渐消瘦”。

肠道从形状上看很容易下垂，它像消防水带一样长长的，又和秋千一样仅仅是两端固定。

当然，我们的胸部和臀部也会下垂，但是远不如肠道问题那样严重。可以说，是肠道位置下垂引发了身体其他部位的下垂。

以前我在便秘门诊工作的时候，对于这一点深有感触。九成的五十多岁的女性有很明显的肠道下垂问题。这影响很恶劣，**肠道虽然看起来像是我们身体的“客场器官”，但是它却真真切切地使我们的身体“下垂”了。**下垂的乳房也好，脸上的法令纹也好，明明都距离肠道很远啊！

可见，如果能使女性朋友们下垂的肠道复位，身体的各个器官便能战胜地心引力，击败“下垂”。以胸部为例，如果提高肠道位置的话，乳房位置会立挺2厘米，宛如两座高耸的山峰。

提升肠道位置，就会迎来这种华丽的蜕变。

裙带菜对枯发无益，胶原蛋白对皮肤粗糙无效

“每餐想吃更多对身体有益的食物。”

为响应女性热衷美容和健康的需求，食品店里世界各地的“超级食品”层出不穷。诸如阿萨伊豆浆、藜麦、奇亚籽等，有很多女性朋友沉迷于高价的超级食品，成为“剁手党”。但是，她们的肠道是什么情况呢？我很在意这一点。

为什么这么说呢？**因为肠道内壁满满的污垢会形成污肠，污肠最终会发展为下垂的肠道。**看来下垂的肠道和污肠狼狈为奸。它们中的一个出现之后，另一个便会紧随而至成为其“亲密的朋友”。所以，即便是跟随美容和健康食品浪潮的女性朋友，一旦被它们中的一个纠缠住，**自己吃下的超级食品的大部分宝贵营养也不能被有效地吸收利用。**

问题主要出在负责吸收营养的小肠上。小肠一旦下垂，就会变成“污肠”。食物残渣等在小肠内堆积，玷污小肠，最终在小肠内壁形成一层厚厚的污物层。在这种状态下小肠根本不可能发挥固有的功能。被污物覆盖的小肠内壁，只能对污物进行二次吸收。也就是说，一旦我们变成污肠夫人，给小肠“上贡”再多的山珍海味也起不到积极的作用。但是，这并不意味着超级食品的宝贵营养只是穿肠而过，**小肠吸收了其中的脂肪，所以我们只落得肥肉丰足的下场。**

我也很不忍心告诉大家这样一个残酷的事实，以下美发、美容的方法都没有什么作用。“想要头发乌黑浓密，就吃裙带菜吧！”“想要肌肤吹弹可破，就补充胶原蛋白吧！”在吃这些超级食品之前，你有没有想过，你的肠道真的可以吗？

肠道下垂度自测法一："看肚脐形状"

下面，我们一起看看肠道下垂的各种危害。

你是否曾产生过"一探肠道"的冲动。但是很遗憾，使用照相机拍摄肠道内环境并非易事，观察全长6～7米的小肠更是难上加难。

当然，现在可以使用"内视镜"这种医疗器械来拍摄肠道内部的情况，但这会耗费我们大量的时间和金钱，很不划算。就让我来告诉大家一个简单方便的自测方法吧。那就是观察**肚脐的形状是"横向"还是"纵向"。**

◆肚脐形状为横向（看起来像减号"－"）

→就是**"横向丑脐"**

可以肯定你的肠道已经下垂了。

◆肚脐形状是纵向（看起来像阿拉伯数字"1"）

→就是**"纵向美脐"**

你的肠道健康的可能性很高。

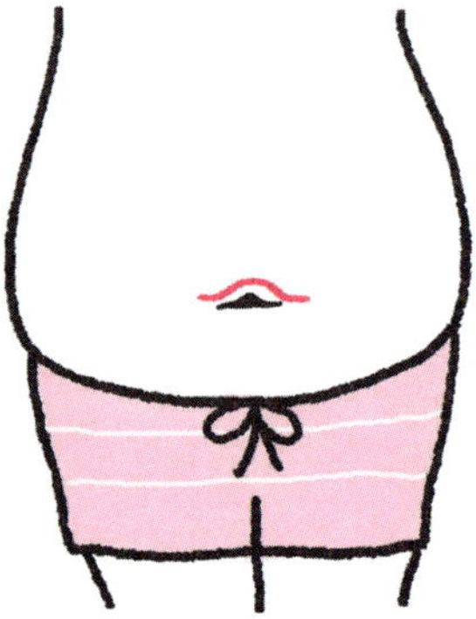

我要是遇到带着健壮的小宝宝（一般是六岁以下）的朋友，一定会看看宝宝的肚脐眼儿。我发现这些宝宝的肚脐个个都是纵向美脐。这就是孩子的肠道一般不会下垂的铁证。为什么孩提时代的纵向美脐长大之后会变成横向丑脐呢？答案其实很简单。脂肪堆积在肚脐周围的话，会将其埋没，肚脐自然就变成了横向。即便肚脐周围赘肉不多，肚脐内侧的内脏（主要是小肠）下垂的话，肚脐受到拉扯变形，也会变成横向丑脐。

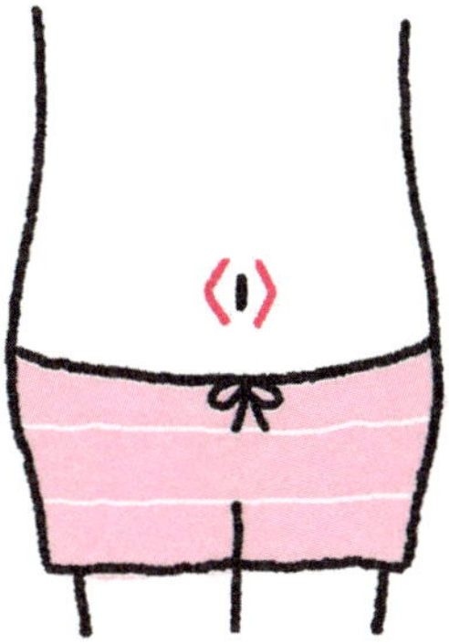

此外，在“横向”和“纵向”之间，还有一种“斜向肚脐”。拥有斜向肚脐的人，若能警惕肚脐“横向发展”，还是能变回“纵向美脐”的。反之亦然。

肠道下垂度自测法二：“用手指轻戳肚子”

我再给大家推荐一个判断自己是否是污肠夫人的方法吧。

这个自测法要求我们仰卧于床上，然后隔着内衣**用手指垂直地轻戳肚脐周围**。用哪根手指都可以，第一节手指能否戳进你的肚子表明你有没有成为污肠夫人。

◆第一节手指不能戳进肚脐周围

→**这意味着你的小肠正因为过度紧张而不断变硬。**

你大概正饱受便秘的困扰吧？

◆第一节手指能够轻松戳进肚子（即肚脐周围）

→这意味着你的小肠状态很好。

如果肠道没问题，一般都能戳进两节手指的。说实话，能够轻松戳进两节手指才是理想状态。小肠很容易受神经的影响。所以经常操心的人或者比较敏感的人一般很难戳进。另外，这种自测法的结果是每天都在变的。因为在被窝里就能轻松自测，所以请每天早晚各做一次。

可能会有女性朋友惊异："昨天还能戳进一节手指呢，今天却不行了，难道我在一夜之间变成了污肠夫人了吗！"

不要慌！这不过是个信号而已。如果你发现"自己的手指戳不进肚子"，可以做一下我在第四章介绍的肠道体操，努力使肚脐周围变软就好了。

腰围缩小18厘米！体重减轻16千克！罩杯连晋三级！

做肠道体操会使我们的外在发生多大的变化呢？让我们来看一组数据吧。

在被我摸过小腹的女性朋友中，最具戏剧性变化的是在我的沙龙工作的小A。小A是位热心于工作的三十多岁的女性。由于太过努力工作，饮食多选择便利店的快餐。有一次小A和一个同事比赛谁能通过锻炼使身体更紧致，以此为契机，她们结成了“肠道体操联盟”。大概是小 A 沉睡的爱美之心被唤醒了，她屡屡刷新纪录。

短短 3 个月，体重减轻 6 千克！54 千克→48 千克 / 身高 160 厘米，腰围缩小 18 厘米！76 厘米→58 厘米

小 A 除做肠道体操之外也没做过多的运动，瘦身效果却是立竿见影。在意识到自己的饮食很不健康之后，她凭借着自己强大的自制力摆脱了垃圾食品的诱惑。不鸣则已一鸣惊人的小 A 原来是头“沉睡的狮子”啊。

正如我在前言中所写的一样，做了肠道体操，一个明显的变化就是能够排出体内应该排出的东西（便便），一天三次。**这种频率的排便才是减轻体重的第一原则。**但是现实生活中，排便次数少，肠道成了便便仓库的“女库管”为数不少。

再说说小 B 吧。小 B 是明显的肥胖型。即便从健康方面考虑，她也应该减肥了。于是她开始了每天 15 秒的肠道体操。

6 个月体重减轻 16 千克！69 千克→53 千克 / 身高 160 厘米，腰围缩小 25 厘米！88 厘米→63 厘米

体重的变化会引起胸部的变化。被脂肪埋没的双峰重出江湖，重新绽放傲人的光芒。比如员工小 C。

3个月，罩杯连晋3级！ B罩杯 变E罩杯。这种罩杯的变化是基于下胸围变纤细而产生的奇迹。肠道的位置复原之后，其他内脏也随之复位。腰围和下胸围也就变得纤细了，最终与上胸围产生围度差，杯罩便飙升了。“杯罩”是个具有相对性的概念，因为它是由上下胸围的差决定的。**做肠道体操，不仅仅会瘦身，还能勾勒出下胸围的完美线条。**

15秒战胜地心引力

在接下来的三个章节里，我将为大家介绍“每天只需15秒就能上提身体的肠道体操”。

肠道体操的好处在于它不仅能减轻体重，**还能如你所愿实现局部瘦身，使你的身体战胜地心引力，紧致不下垂。**举个简单易懂的例子吧。想象一下用黏土捏泥人的情景，随心所欲地捏出好身材。凭借着你的一双巧手，稍微用点心便能做出一个身材苗条的九头身美人。看到这里你可能想恶作剧似地做一个腰身溜圆的泥人，当然这也不是什么难事。更有甚者，想模仿无论给它说什么都回复“喵？”，身材上下一般粗的“木偶角色”（一个日本综艺栏目中的角色）也是轻而易举的事。黏土能活灵活现地模仿各种角色。

和摆弄这种“可塑性强的黏土”一样，我们也一定都希望能够随心所欲地控制自己的身材。**肠道体操就可以帮你实现这个心愿。肠道体操要做的不仅仅是提升肠道位置，还要做到瘦你想瘦的部位，战胜地心引力，顺便帮你解决其他身体问题。**肠道体操所擅长的就是让你体味到这种多重的喜悦。

污肠夫人真正的恐怖之处

坦白地讲，大约五年前，我也曾是一位污肠夫人，所以我深知作为污肠夫人的不幸。

污肠夫人，也就是肠道下垂时候的我，总是心心念念想着厕所和排便的事情，所以总是焦虑不安。走在路上，一不留神差点儿撞上迎面走来的人，心情焦虑！更要命的是那人恰好是好友或同事，更焦虑！突然“想蹲坑了”，公司的厕所却没“坑位”了，极端焦虑！为什么偏在我想蹲坑的时候却没坑位呀，不管逮着谁就朝对方乱发一通脾气。在单位发现有人没把备品放回原处也气不打一处来。顿时化身正义的使者，高声谴责那个人，并立志找出“犯罪嫌疑人”。絮絮叨叨地对年轻员工指指点点，宛如人见人厌的“怪阿姨”。

焦虑情绪愈演愈烈，便开始眉头紧皱长吁短叹的生活了。乘电车的时候，发现无位可坐，也立刻变得心烦意乱。在家中发现了害虫，便会追着不放，一定要灭口才遂意。喷了杀虫剂也不罢休，一定要踩死它。边踩边喊“你这该死的家伙，你这该死的家伙”。

可我现在再也不会“焦虑不安”“长吁短叹”和“大开杀戒”了。现在的我看到小虫便会想：“由它去吧”，于是开窗放生。这种悲惨的经历不只我有，我调查了一下身边的女性朋友，从事**“需要长时间站立的工作”和“工作时间不规律”**的人肠道更容易下垂，更容易变成污肠夫人。

从事久站工作的人，肠道会长时间受重力影响。如果不做过多的锻炼，肠道自然容易下垂。另外，工作时间不规律的话，睡眠往往也不规律。于是，自主神经紊乱，各种激素的分泌也会随之错乱，肠道加速“下垂”和“变脏”。由此看来，“污肠夫人”真正的恐怖之处是意外地潜伏在我们身边。

“焦虑”和“暴脾气”消失了！

80后女性小K，在开始做肠道体操之后，肠道位置明显提高了。据说也因此解决了她和与她同住一个屋檐下的婆婆之间的问题。而且，母子关系也升温了，叛逆期的孩子高兴地说，“妈妈，你最近好像变了耶，好温柔哦”。她笑盈盈地对我说：“真的很感谢肠道体操，帮我解决婆媳和育儿的难题。以前因为一点鸡毛蒜皮的小事就会焦虑气愤，现在都不会了。”

为什么肠道体操能够抑制“焦虑情绪”和“暴脾气”，改善人际关系呢？是因为通过做肠道体操提升了肠道位置，使得肠道功能恢复了正常，进而肠道能够正常分泌**“血清素”，一种让人产生幸福感的激素。**血清素是肠道的分泌物，它关系着我们的**积极性**和**干劲儿**。反过来说，分泌的血清素减少之后，便会出现以下症状：

◆**情绪不稳定，易怒并且精神紧张；**

◆**自主神经紊乱，这是导致体质寒凉的原因；**

◆**悲观消极，类似抑郁症；**

◆**睡眠出现问题，晚上睡不着，早晨起不来；**

◆**容易有痛感，一丁点儿的痛感都会觉得疼痛难忍。**

其实，不良症状还有很多，怕引起大家的恐慌，在此我就不做过多列举了。

肠道下垂之后，血清素分泌不足，心情也跟着“下垂”了。会变得以自我为中心并且焦虑不安，这种状态下不可能温柔地对待别人。这一点，我深有感触。在前言里我写到过，二十多岁的时候，我患有严重的便秘。还有过为了使自己排便最终导致腹泻的经历。那时的我，满脑袋都是“怎么能顺畅地排便呢”这种问题。因为很多时候会突然有“便意”，所以我详细调查了自己所乘坐的电车路线上所有女厕的位置。那时的我**满脑袋都是“厕所、厕所、厕所，拉粑粑、拉粑粑、拉粑粑”**，根本没精力、没心情展示那使人愉悦的柔情。

要是提高了肠道位置，心情舒畅的话，那情况就大不一样了。血清素能够正常分泌，心境也变得平和，散发出自己的人格魅力，人际关系也能够经营得更好。

肠道提升后，怀孕了！

有位女性朋友告诉我：**“坚持做肠道体操，神奇地怀孕了！”**在我的印象中，大约有十位女性反馈给我这样的喜报。您一定会问，为什么肠道体操会召唤来“送子麒麟”呢？让我为您慢慢道来。

对于子宫来说，下垂的肠道宛如“眼中钉，肉中刺”一样的存在。通过肠道体操，肠道得以提升之后，子宫便获得更大的空间，恢复原来柔软的质地。因此，血流通畅，我们的身体更容易受孕和孕育受精卵。也就是说，**压迫子宫的肠道提升之后，更容易受孕。**在许多女性身上都出现了这种可喜的变化。

另外，这也是通过做肠道体操治愈便秘和体质寒凉的原因之一。我们的肠道后方有一条大血管，肠道下垂之后，会压迫这条血管，导致血流不畅，便会引发体质寒凉。而肠道复位之后，血管所受的压力减轻，血流恢复正常，寒凉的体质自然随之而愈了。可见，**“提升肠道”和“备孕”有很大的交集。**最近，有许多准新娘来到我的沙龙，对我说：“我想早点成为妈妈，所以我想参加针对备孕的肠道课程。”可能有不少女性距离成为妈妈，还有一段很长的路要走。但我想提醒诸位女性朋友的是，**一定要留意便秘和体质寒凉这种常有的症状，因为它们可能是导致不孕的凶手。**

想要拥有“女神”身材，只是“瘦”还不够

从古至今，关于“完美女性身材”有各种各样的说法，众口不一。应该有不少女性已经注意到，仅仅身材纤瘦，还是美中不足。不仅要纤瘦，还要有女性的线条感，有适度的肌肉，肌肤要紧致富有弹力，手感好等。我想在这本书里提出一个简单的标准——**完美的女性身材就是“腹高女”。**

把做肠道体操作为一种习惯来坚持，你就会变成一位“腹高女”。那时候你会忽然发现，心心念念想要实现的各种完美的女性身材的标准都满足了。也不用做“丰胸”“细腕”“瘦脚”这种局部瘦身的训练。而且，通过肠道体操塑造出的美感，永不反弹。这是一个效率超高，且无后顾之忧的良法。

不过有一件事我很担心，就是有不少女性一心向“瘦”，执念深重。确实，纤瘦的身材能给我们许多“幸福感”，比如是个行走的“衣架”，穿衣百搭，还能美美地自拍、合拍。但是，全世界都在流传一则警告：**从医学角度来看，过于瘦弱很危险！**在法国，有这样一条法律：**对于雇用过瘦模特的事务所，将处以大约950万日元（约合55万元人民币）的罚款。**我觉得没有比“我只想瘦”“瘦才是王道”的思想更偏激和危险的了。所以请各位女性朋友保持理性，不要被这种思想侵害。况且，不管你怎么节食，肠道下垂的话，你也不可能成功减肥。

所以，请大家既不要活成一个胖子，也不要活成一个瘦子，美美地做一个战胜地心引力的“腹高女”就好。

肠道构造简单，一目了然。对我们的身体来讲，最重要的是它要“身居高位”。那么，我们要怎么做才能成为“腹高女”呢？我们能够战胜重力拥有“不下垂的肠道、身体和心灵”吗？

在下一个章节中，我会用“世界上最简单易懂”的方式，从一个稍稍不一样的角度为大家隆重介绍塑造完美身材不得不依仗的头号人物——**“肠道君”**。你肯定从未留意过一直以来默默支撑着你“傲娇”身体的肠道成员们吧。接下来让我们好好了解一下它们吧！我介绍的肠道角色们，个个个性鲜明，肯定会刷新你对肠道的固有印象，说不定你还会爱上它们中的某一个呢！

第二章

对不下垂女性的肚子进行“大解剖”！

看看腹中之物，便知“屡瘦屡败”的真相

终于到了和其乐融融的肠道一族成员们见面的时候了！

在前文中，我一直本着“简单易懂”的初衷，含糊地使用了“肠道”这个总称。其实，**从医学角度来讲“肠道”可细分为10个部分。**首先是“小肠”，它包括**“十二指肠”“空肠”**和**“回肠”**。然后是隶属于“大肠”的**“盲肠”“阑尾”“升结肠”“横结肠”“降结肠”“乙状结肠”“直肠”**。它们个性鲜明，独一无二。想必各位读者能够愉悦地读下去吧。

我们很多烦恼和身体不适都是肠道的“暗中活动”引发的。为何肠道如此“神通广大”呢？（嘲讽脸）大家可以先笼统地理解为：肠道细分为多种器官，承担着多种重要的工作。这样的话想必大家都能心领神会，不由感叹一声“原来如此”吧。

肠道是两家人？

影响力“爆棚”的肠道一族大约有10名成员。它们个性十足，宛如“一击致命的职业杀手”，兢兢业业地为我们服务着。

我有一个了解肠道最简单易懂的方法。**首先把我们体内约10条的肠道分为“小肠”一家和“大肠”一家，然后把它们想象成在同**

一个屋檐下和乐相处的两家人，也就是说“肠道”其实是同在一套房里生活的“两家人”。

（1）从事消化和分泌工作的“小肠一家”

小肠一家有三名成员：十二指肠、空肠和回肠。在这本书里，我想把它们拟人化为“相亲相爱的三兄弟”。**为了能够提高消化效率，三兄弟不分昼夜地劳作不息。**这么比喻虽然显得有点跳跃性太强，但其实就是这么回事儿。小肠是我们体内最长的器官，有 6 ~ 7 米长。小肠一家的主要工作是消化食物，吸收营养，为了完成这项艰巨的任务，小肠分泌出各种各样的消化酶。

（2）负责运送便便的“大肠一家”

大肠接续在小肠之后，按右下、右上、左上、左下的逆时针方向盘绕在我们腹中。大肠总长 1.5 ~ 2 米。大体分为盲肠和阑尾、结肠、直肠三个部分。末端连接“肛门”—— 一个属于便便的梦幻舞台。

大肠的工作是储存被小肠消化吸收后的食物残渣，并将其转化为大便运送至肛门处。大肠在意识到“食物残渣来了”之后，如条件反射般投入工作，开始蠕动。打个比喻，不知道大家有没有见过几个人勾肩搭背，宛如层层波浪一般此起彼伏地蹲下站起的情景，我刚刚提到的“蠕动”就是那种即视感。

虽说刚刚提到的小肠立了“取其精华（吸收营养）”的大功，但大肠“弃其糟粕（排泄）”的工作也独一无二且不可或缺。因为大肠才是“生产便便”的核心“车间”。如您所见，小肠和大肠分工明确，构造各异。用两张图来直观地表现的话，就是这种感觉。

接下来，简单地归纳一下它们各自的作用和性格。

小肠一家

老大：**十二指肠**。这是一个洋溢着家族长子气概的消化器官。他身居小肠入口，独当一面，有“为了能使弟弟妹妹们安逸点儿，我必须竭尽全力消化食物”这样的觉悟，所以他努力分泌消化液和激素，只是太过劳累，难免不堪重负。

老二：**空肠**。这是个长于吸收的“吸收宝宝”。论起营养吸收效率，无能出其右者。也有“年轻有为，办事高效，却腹内空空”的一面。

老三：**回肠**。小儿子负责吸收剩余的大部分营养。因其身形“蜿蜒回转”，故得名“回肠”。回肠内有名为“集合淋巴结”的免疫力综合指挥所，集中了身体 60% ~ 70% 的免疫力。

大肠一家

未解之谜：**盲肠和阑尾**，他们是同父异母的兄弟吗？此处有许多未解之谜。盲肠顶端有大约 6 ～ 8 厘米的阑尾。有一种广为认可的说法是：阑尾上聚集淋巴组织，具有免疫功能（这与消化吸收不太相关）。

老大：**升结肠**。他是肠道家族中最有力的一个男孩。他通过蠕动将回肠传递来的食物残渣向上推送。只是他负担很重，容易患升结肠癌。

老二：**横结肠**。他是负责将食物残渣“从右向左运送”的“清闲宝宝”。从身形上看他像是一座两端固定的“吊桥”。他最容易下垂，下垂后宛如字母“M”。

老三：**降结肠**。他仅负责提供一个上下通道，使食物残渣顺利通过，也是一个懒散的“清闲宝宝”。他甚至不用下达“请从这里通行”的口令。他只做“吸收水分”这种毫无难度的工作。虽同为“清闲宝宝”，但他和“横结肠”关系并不好。

大女儿：**乙状结肠**。她是个事业型女强人，负责掌控从降结肠流下的食物残渣的流速以及对其进行暂时性的储存。但是太过恪尽职守反而会导致便秘。

老四：**直肠**。他与乙状结肠一样负责储存便便。另外，他还与肛门顶端的排便神经亲密协作，掌控便意。我们要是忍着不拉粑粑的话，很伤害老四。

虽有走马观花之嫌，但想必各位也明白了肠道成员个个性格鲜

大肠一家

横结肠

位于升结肠和降结肠之间，长约40～50厘米。形似吊桥，中部容易下垂。据说最大限度能下垂至骨盆处

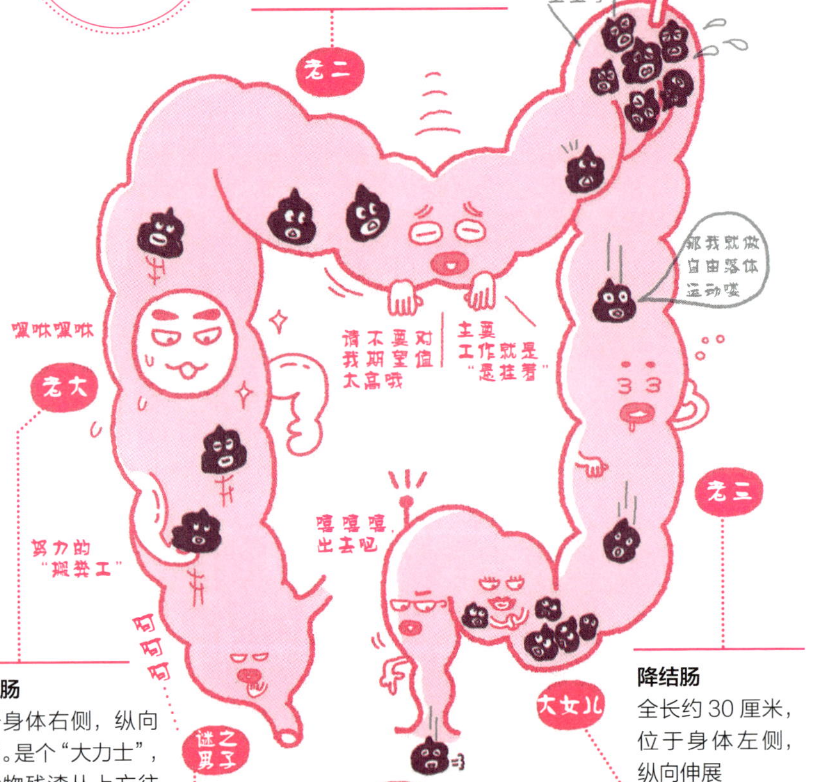

升结肠

位于身体右侧，纵向伸展。是个“大力士”，将食物残渣从上方往下方搬运

降结肠

全长约30厘米，位于身体左侧，纵向伸展

盲肠、阑尾

这个器官尚不知道它有什么作用。近年来有人认为它是“有益菌的宝库”

直肠

位于距离肛门最近处，全长约20厘米。与位于骨盆中央的骶骨通力协作，控制排便，是“便便的感知器”

乙状结肠

长约25～45厘米。在将从降结肠处接手的食物残渣输送到直肠之前，暂时储存的地方

小肠一家

十二指肠

十二指肠是位于胃出口的一段 25 ~ 30 厘米的肠道。因其长度约为 12 根手指并列时的长度，故名十二指肠。除分泌消化液之外，还有使碱性的胆汁、胰液与胃酸相混合的酸碱中和功能

空肠

它能够迅速地将营养吸收殆尽，所以总是看起来空空如也，也因此得名“空肠”。使便便顺畅移动的肠液也从这里分泌

回肠

因身形蜿蜒回转，故得名“回肠”。空肠与回肠之间并无明确的分界线，一般的划分方法为：小肠中除十二指肠之外的部分，40% 是空肠，60% 是回肠。回肠内有功能强大的派尔集合淋巴结免疫装置

明这个事实了。如果他们能亲密合作的话，就能够顺利地完成“吸收营养”和“排泄”的任务，这也有利于我们的身体健康。但总是事与愿违。肠道下垂的时候更是如此。

“大肠兄弟不睦”，导致身体下垂？

在肠道这个大家庭中有一处不太和谐，令人担忧。即大肠的老二横结肠和老三下结肠的连接处。横结肠和下结肠的连接处是个拐角，所以二者合作受阻的事时有发生。其实这也是诱发肠道下垂继而导致身体下垂的主要原因。

为什么理论上应该顺畅流通的食物残渣会在这个连接处停滞堵塞呢？在我所接触的女性中有九成怀有这种“不良倾向”。所以我特意将此处命名为“污肠的拐角处”，引起大家的警惕。

之所以污肠的拐角处会出现堵塞现象，是因为老二和老三都是精神颓废的懒人，而且关系不睦，不能有效地合作。

通过做肠道体操，在污肠拐角处的食物残渣能够顺畅流通，呼吸会变得深沉平缓，胸廓更坚实，双乳也更挺立，所以经常做深呼吸很重要。

污肠的拐角处藏污纳垢，堵塞不通的话，就会导致肠道家族全体的下垂。继而波及全身，即便距离很远的胸部也不能幸免。与皮肤的拐角处一样，请大家也注意污肠的拐角处。

塑造美人的“秘密花园”

污肠夫人揣着污肠和下垂的肠道，就好像身体里有颗不知何时会爆炸的定时炸弹一样。我并不是危言耸听，这很明显，污肠夫人们的**肠道内环境**很混乱。污肠夫人血流不畅，排泄也大多紊乱。这自然容易滋生“有害菌”。大肠内有各种细菌繁衍生息，据说种类有数百种之多，数量更是超过了 600 兆。在显微镜下，这些细菌宛如植物丛生的“花甸（flora）”，因此有“肠内花甸”之称。

接下来，让我给大家介绍一下这片“肠内花甸”，即题目所说的“秘密花园”。肠道内的细菌，大体分为如下三类。

★损害身体的有害菌

这是一群会制造“病原性大肠杆菌”等有害物质的“可恶分子”。有害菌增多之后，我们的肚子就会出现诸如便秘、腹泻等问题。更甚的是，肠道会被污染，逐渐下垂。

★维持身体健康的有益菌

这是防止有害菌侵入和繁殖的双歧乳酸杆菌等有益于身体的细菌。

它们负责推动肠道的蠕动，并维持腹部健康。

★独立于两者之外的中性菌

这是对于“不能信任”的那类细菌的总称，它们擅长审时度势，趋附于有益菌和有害菌中势力强劲的一方。

这三种细菌的平衡称为肠道内环境。它们理想的比例大致为：有益菌：有害菌：中性菌 =2 ： 1 ： 7。看到这个比例你可能不禁会想：有益菌意外地少点也没关系呀！先别高兴得太早了，因为想保持两成的比例非常难。

肠内花甸的平衡，每天都不同。首先它是受我们饮食习惯影响的，此外，还与我们的身心状况和感受到的压力有关。更甚的是，随着年龄的增长，我们体内的有害菌会增多，有益菌会减少。所以，哪怕只是一点点，我们也要努力使有益菌占据上风。

请大家一定要通过做肠道体操来提高肠道位置，同时，食用第六章所列举的增加有益菌的肠道膳食，给肠道内部多点关心。

“健康的便便”会上浮

想要一睹肠内花甸的芳容很难实现。但是，如果想要每日“探知”的话，还是有办法做到的。即，**观察自己早起第一次拉出的便便的情况**。可能有人会说：“早起之后有很多事要做，根本没时间观察自己的便便。”

那退一万步说，只有瞥一眼，确认一下“便便是否上浮”就好了。比起下沉的便便，上浮的便便是“健康的优秀生”。肠道不下垂的人，是不会有下沉的便便的。因为上浮的便便是富含膳食纤维的表现。膳食纤维有利于有益菌的生长，并且产生臭气，帮助人体通气。所以，只要膳食纤维丰富，肠内花甸生态良好，便便就会上浮。

可以说你的便便是忠实反映肠内细菌的珍贵的标本。只要轻轻一瞥上浮的便便，就能窥见肠内花甸的芳容哦。

抠“肚脐”真的会导致腹泻吗？

肚脐是大肠、小肠等与外部的连接点。请大家留心一下肚脐眼里的泥垢。其实这点泥垢可是暗藏健康的隐患哦。可能有不少人抱有这样的想法：“不太在意”“洗澡的时候稍微洗一下就好了”。还有人觉得：“在意的话，就去皮肤科清理一下”。或许这种重视程度才正确。为什么这么说呢，因为抠肚脐会引起腹泻，甚至会引发性命攸关的“腹膜炎”。

在我们的肚脐之下，依次是皮下组织、腹直肌、腹膜和腹腔。

太过用力地抠肚脐的话，就会刺激到分布在肚脐下方5米处的腹膜神经，导致肚脐周围会丝啦啦地疼。更严重的是，这种刺激会使我们的肚子感到压力，继而引发腹泻。腹泻又会导致肠道污染，这会使肠道更易下垂。

各位爱美的女士，请务必注意不要用力抠自己的肚脐。

啊，身体下垂了

在第一章里，我用编写教科书一样的套路介绍了肠道大家族的各个成员。可能有人会觉得，有回肠，还有空肠……脑袋都大了！简单地讲，你只需要知道**肠道是肌肉做成的管道，身负着“伸长，受到影响，开始下垂”的宿命**就好了。

为什么会有这种宿命呢？第一个理由很简单，是由于宿便的影响。肠道内堵塞的话，就会走向“伸长，受到影响，开始下垂”的悲惨结局。举个例子来讲，请大家想象一下橡胶做的吊床，虽然现实生活中并不存在这种东西……随着橡胶吊床承载的东西变多变重，吊床会下垂直至接近地面。我们的肠道也和吊床一样，无时无刻不在受着重力的影响。

第二个原因是肠道是由肌肉构成的。说起肌肉，大家都知道，是“用进废退”的。有个恐怖的数据表明：人在成年后，随着年龄的增长，每年肌肉的力量会衰弱 1%。即便是年轻人，不经常使用、锻炼肌肉，也是不行的。同理，如果不能有效地促进肠道蠕动和支撑肠道肌肉的话，肠道就会处于持续下垂的状态。

行文至此，我大约介绍了 10 条肠道，希望大家能够认识到它们对于大家的身材和健康都至关重要这个事实，并以此为契机，来直面自己的肠道，学会调理肠道。

“偶尔也犒劳一下负责消化的哥哥（十二指肠）吧。”“我肠内的这个‘清闲宝宝’（降结肠）还好吧。如果大家能这么时不时地想想素未谋面的肠道成员，并且坚持做肠道体操的话，一定会有意想不到的效果。

第三章

肠道下垂，全身松垂！

咦……你的肠道也脏兮兮的哦

肠道下垂之后会有怎样的影响呢？它的危害不仅仅在于使人变得“珠圆玉润”。本章将详细为您讲述覆盖全身的肠道下垂的危害。如果你迫不及待地想知道肠道体操，请先看第四章，之后再返回本章，也是可以的。

肠道下垂之后，全身各处或多或少都会出现下垂的问题。这种现象，不分胖瘦，无人能够幸免。**即使现在看起来很瘦的人，肠道也有可能下垂。**不如这么讲，纤瘦的女性朋友们会坚信自己与肥胖无缘，所以不会想着预防肠道下垂。其实这类人，反而更危险。一直瘦瘦的人和现在很瘦的人一般都会盲目相信，我很健康。这种情况要特别警惕。

污肠夫人擅长写字母“M”

在这里，我想写一下自己稍稍有点感兴趣的“女性的 M 字”。“M 字肠”，是下垂肠道之一，它指的是前述的大肠一家中横结肠的中央主体部分下垂之后的样子。它使数十亿人跌入了不幸的深渊。本书所写的“M 字肠”特指横结肠最中央部分下垂了的样子。

听起来有点可怕，**“M 字肠”的破坏范围不仅仅局限于肚子周围，它影响深远。**比如，身体前倾变得微微驼背，面部肌肤松弛，皱纹爬上眼角，颈部也出现皱纹，肩部酸痛。上半身和下半身都会出现下垂迹象，赘肉累累。**身体曲线整体崩溃。**

啊啊，“M 字肠”这个坏蛋，它将大家拖入了悲惨的地狱。仅仅是写下它的名字，我便觉得痛苦不堪。

污肠和整体下垂的肠道，很可能已经恶化成“M”字了。实际观察其内侧，小肠内壁也肯定是污迹斑斑。

靓丽的模特肠道也会下垂！

在电视或者杂志上看到美丽可人的女模特时，你是不是不自觉地流露出羡慕的目光？你大概会这么感慨：“无论在哪里，她都会有男人缘吧。”“能那么瘦，真好啊。”的确，女模特无论在哪里，都会有男人缘。这一点我也承认。好吧，说实话很是让人羡慕嫉妒恨。（哈哈）但是我不会仅仅感慨一句，能那么瘦，真好啊。作为一个医疗工作者，我在认真观察她们的时候，很担心与她们肠道有关的危险信号。

乍看之下，女模特们都纤瘦又健康。但是如前所述，乍看之下的纤瘦和肠道的位置并不相干。被夸赞纤瘦的女模特们的肠道却意外地也会下垂，也会有脏兮兮的污肠，而且为数不少。我们可以通过两种方法判定。一是小腹是否微微隆起。二是肚脐形状是否为横向。

女模特只要具备这两种特征中的任何一种，就必有肠道下垂或污肠的困扰。

至今为止，我诊治过许多女模特的肚子。初办沙龙之际，就有很多女模特来找我咨询。令我震惊的是，年纪轻轻，原本应该健健康康的女模特们却患有顽固性的便秘，很不健康。

实际接触到她们的肚子之后，我深切地感受到患有肠道下垂问题的女模特越来越多了。她们有一个共同点，那就是一心想要变瘦，于是便过度节食，甚至使用泻药。为了减肥而使用泻药的话，肠道会产生惰性。它会忘记“觉察到有食物进入，自动进行蠕动”这种条件反射，没有药物刺激就一动不动。更可怕的是，由于泻药的副作用，**肠道会伸长**。变得像松紧带断了的内裤一样，松松垮垮的。而且，它和内裤的松紧带一样，一旦失去弹性便再也无法复原。

请停下想要减肥而伸向泻药的手！可能获得一时的满足感，但失去的健康却是不可估量的。大家一定要选择既安全又健康的肠道体操来平整小腹哦。

“气”从口出——逆流而上的恶臭

还有一个我们意想不到的行为会使我们沦落成污肠夫人，染上肠道下垂的问题。有不少女性向我诉苦，“去男朋友家做客的时候，突然想要放屁，很尴尬”。我追问，“那你会怎么做呢”？有人说，“虽然很不好意思，但会借口要去厕所，在厕所里一个人一边小心地控制音量，一边偷偷地放出来”。也有精神可嘉的女性回答说，“我会一直忍耐，直到战胜想要放屁的欲望”。

但是，这种“憋屁”行为很显然会损害我们的健康。而且，一直忍耐的话，“臭气”会逆流而上，最后由口而出。这种逆流而上的臭气会污染肠道内壁，弱化其吸收功能，造成食物残渣的堆积，进而助长肠道的下垂趋势。“想要遮掩屁声……”这种少女心泛滥的行为，其实只会造成你肠道下垂，对你的健康和美丽都有连锁反应般的负面影响。真是讽刺性的悲剧！憋屁的话，肛门会受到臭气的压迫，肠道会鼓胀得难受。最终这股臭气会沿肠道经食道逆流而上，从嘴巴散发出来。有点像打嗝一样，但这是打嗝还是“放屁”却是难以判断。为了您的美丽和健康着想，请不要再憋屁了。还有，如果放屁之后，稍微表示一下歉意，大家能心领神会，表示理解。

从肚脐眼儿到脚心都臭气弥漫……

继泻药会使肠道松垮、憋屁有害健康之后，我将再甩出一个骇人听闻的冷知识:“为什么肚脐眼儿里会有脚臭味儿呢？”切莫惊怪，且听我将前因后果向你娓娓道来。

肠道下垂之后肠道内会有污物堆积，血流渐渐受阻。于是，污物堆积更为严重，肠道进一步下垂。如此这般，陷入了恶性循环。当然充满一部分肠内的臭气会通过放屁排出体外。

但是未能通过放屁排出体外的臭气，在肠内空间变得局促之后，会尝试着经由各种途径排出体外。

比较容易理解的途径之一便是前文提到的嘴巴了。这股恶臭会通过打嗝、变成口臭等方式排出体外。另一个你意想不到的途径是肚脐——臭气会通过肚脐缓缓排出。

可能你会问，为什么我会熟知这么多令人震惊的冷知识呢，那是因为我长期和病人打交道，近距离接触许多患者的肚子后的经验之谈。尤其是在便秘门诊的病人身上，这种现象更为明显。在给他们做腹部按摩时，时常会有恶臭从肚脐处飘散开来。

坚持做肠道体操，肠道位置提升之后，这种气味便会销声匿迹。有不少患者告诉我，这种莫名其妙的“脚气”消失之后，“脱单了！”“被求婚了！”“开始有性生活了！”。这大概是由于肠道位置的提升，附于小肠内壁的污物都消失了吧。

快，快，看看自己的肚脐状态如何。

“放闷屁”也不利于提升肠道位置

即使你没有憋屁的行为，那你有没有总**放闷屁**的习惯呢？从提升肠道位置的角度来看，放闷屁也不是一个好习惯。“噗！”这种干脆有力的屁声才有利于身体健康。另外，要是出现“不知为何很自然地就放了闷屁”这种情况，请检查一下自己是不是已经开始便秘了。因为很可能是由于肠内空间局促，臭气从便便（食物残渣）的缝隙中排出，最终形成闷屁。

所以，想要放屁的时候，只要条件允许，请不要拘谨，尽情地放出来吧。除了“放闷屁”，我还想请大家注意一下“间断式放屁”，即，放屁的时候故意地不断停顿，以降低屁声的做法。**“间断式放屁”其实是一种故意玩弄肠道的行为。**臭气从肠道到肛门一路受阻，有苦难言。这会给肠道的某处造成负担，进而对全身各个部位带来负面影响。把“间断式放屁”比喻成“分期付款”，我们便容易理解其危险性了。用信用卡分期付款的时候会产生手续费。每次所支付的费用虽少，但从总额来看数额颇多。放屁也是如此。关于放屁这个问题，请各位大方点儿，“一次付清”。

污肠夫人的三大难题：瘦不了、水肿、慵懒

大家知道“死亡四重奏”这个词吗？对于年轻人来讲可能比较陌生，但下面说的内容对你们今后的人生大有裨益，请耐心读下去。

在医院，会把“肥胖、高血压、高血脂、糖尿病”这四种由于不良生活习惯造成的病症总称为“死亡四重奏”。为什么会用这么恐怖的字眼命名呢？是因为这四种疾病关系密切，一旦身患其中一种病，便会很容易并发另外三种病。这样一来，便身患四种病，故名“四重奏”。

其实肠道也有这种连锁反应哦。肠道下垂的弊端用“X 重奏”的形式表示的话，“瘦不了、水肿、慵懒”这三大症状可以说是“肠道下垂女的忧郁三重奏”了。肠道下垂之后其他器官也会受到牵连，最终直接导致全身性的下垂。

此外，肠道原有的功能会恶化，导致血流不畅、代谢功能衰退、水分积聚所致的水肿、手足冰冷、代谢物堆积、便秘等。按照这种剧情发展，下一步便是全身逐渐松垂了。

瘦不了、水肿、便便和代谢物堆积，进而引发身心不畅，最终产生“慵懒”这种不悦。

围绕着肠道的这三种症状也可以说是有一种合伙人的关系，它们完美合并，使病情更容易恶化。这种“三重奏”绝不是悦人耳目

的东西。它阴魂不散地纠缠着肠道下垂女，使她们痛苦不堪又无计可施，对她们来讲是“三重苦”。

皮肤总是脏兮兮，这也是肚子惹的祸

另外，肠道下垂对皮肤也有负面影响。世上大概没有另外一种东西能像暴露于人前的肌肤问题更能牵扯女性敏感的爱美神经了吧。我们的肤质深受肠道状态的影响。即便下**“肌肤是肠道的镜子”**这种断言，似乎也没什么问题。

为什么肠道会和距离很远的面部肌肤有深深的瓜葛呢？这是由于肠道下垂之后，肠内的食物残渣便会堆积，如果这些残渣不能顺利排出体外的话，就会被搬运到全身各处。**代谢物所犯下的“罪名”视它被搬运到的地方而定。**代谢物随血液抵达面部，造成**皮肤粗糙**；代谢物在皮肤表层积聚，阻碍水分的渗出，造成**皮肤干燥**；随血液到达头部，引起**秃顶**和**脱发**。

肠道的位置居然能决定我们的肌肤是光彩照人还是黯淡污浊，真是令人吃惊。请大家不要再强行通过化妆来修饰自己的粉刺、皮肤干燥等各种皮肤瑕疵了，努力提升肠道位置吧。

血压也受肠道影响？

年轻人可能不太会感兴趣，但关于**高血压**和**糖尿病**我也想略述一二。先说高血压，肠道长期下垂的人，患高血压的可能性会提高。肠道下垂的人，肠道以外的内脏也会受到影响从而集体下垂。内脏自不必说，全身的血流都会变得不通畅。由于偏离了本位，内脏机能受损，血流易出问题，这也是自然而然的事情。

血流不畅会引发血压升高。肠道下垂之后，血流量变少，血液流速不再强劲。因此“心脏”这个动力泵便奋力运作，力图提高血压，以确保全身血液的循环。患了高血压之后，无形中给心脏增添了巨大的负担。另外，如果平时血压居高不下的话，稍微受点刺激，血压便会骤升，甚至会出现血管爆破的惨剧。

举个例子来说，排便时，无论如何也拉不出，猛地一用力，这时肺部的血液便会一股脑地被运送到心脏，血压随之骤升，颅内血管也受到压力，会有血管爆破和中风的危险。

为了减少需要猛然用力的瞬间，为了不用力也能顺畅排便，通过提升肠道位置来解决便秘问题至关重要。

瘦人也会患高血糖

接下来谈谈糖尿病。**肠道长期下垂的人，容易患上糖尿病。**这与胰岛素有很大关系。胰岛素是由胰脏分泌的激素，饭后血液中的含糖量会增加，这时胰脏分泌出胰岛素来抑制血糖值的上升。**“现在请分泌胰岛素！”对胰脏发出这种请求的是小肠。**小肠内一旦有食物进入，小肠内的“胰岛素申请感应器”便会察觉到这一信息，继而向胰脏发出请求。

但是对于肠道下垂患者来说，小肠机能整体严重衰退。当然，“胰岛素申请感应器”也状态欠佳。因而，会出现胰岛素分泌迟缓或者“一发不可收拾”等问题，导致身体不能很好地控制血糖值，最终可能患上糖尿病。

反过来讲，肠道位置正常的情况下，**肠道机能稳健，会分泌出幸福激素“血清素”，**使我们心境安定，血糖值也难以上升。血清素能够正常分泌的话，我们很难出现食欲过剩的问题。自然与“边刷剧边吃薯片”“每天一板巧克力”“无节制吃甜食”等不良饮食习惯无缘了。这大概算得上是远离糖尿病的生活了吧。

如上所述，血压和血糖都受肠道位置影响。让我们通过做肠道体操来锻炼腹部，预防高血压和糖尿病吧。

产生于小腹的体质寒凉和疲倦感

众所周知，**体质寒凉**和**疲倦感**与女性有剪不断理还乱的关系。但是大家知道它们究竟来源于何处吗？答案是小腹的盆底肌肉群。

“盆底肌肉群”是支撑直肠、膀胱及子宫等小腹部器官的肌肉群。它是女性独有的肌肉群。**盆底肌肉群力量衰退之后，会出现便秘、漏尿，甚至性交疼痛等一系列与“引进和排出”有关的问题。**

进一步说，体质寒凉大多数情况下也与盆底肌肉群的下垂和松弛有关。如前所述，引发体质寒凉的一个主要原因是肠道下垂压迫了后背的大血管，致使血液流通不畅。盆底肌肉群若不能从下方有效支撑肠道的话，血液流速就会更加恶化，体质寒凉的问题也难以得到改善。所以，非常有必要积极锻炼盆底肌肉群，提升肠道位置。

盆底肌肉群与其他肌肉一样，如果我们不积极锻炼的话，便会随着年龄的增长以及重力的影响而衰退。肠道体操可以高效地锻炼包括盆底肌肉群在内的围绕肠道的“肌肉包围网”，不仅体质寒凉的女性，受便秘和疲倦感困扰的朋友也不妨一试。

如果不积极改变现状，会有很可怕的后果哦。如果你对肠道下垂坐视不理，你的盆底肌肉群也会受其拖累变得下垂，甚至变得松弛，继而影响性爱质量。也因此，你的爱人可能会对你失去“性趣”。

“还有这种事情，我还是第一次听说哎！”大概有许多女性会有这样的反应。但是，这种情况其实经常出现在女性生育后。盆底肌肉群，从它的名字我们便可知它是最底端的肌肉了，要是它都下垂了的话，那我也无计可施了。

生理期疲劳乏力，难道不是很正常的事情吗？

“生理期感到疲劳乏力，不是很正常吗？”“每月服用止痛药来治疗痛经，为什么不可以呢？”好像很多人都有这种疑问，请大家尽情发问。因为肠道和我们的私处非常近，所以**肠道问题会影响到私处也不稀奇。**

首先请你考虑一下痛经的原因。本身没有肌瘤等宿疾，却有“严重的痛经问题，离不开止痛药”。如果你存在这种情况，那你痛经的原因就比较隐蔽了。比如由肠道下垂而引起的血液循环不畅，以及由此引发的体质寒凉……由于肠道物理位置的下移，压迫到了位于其下方的子宫，继而引发痛经和不孕等各种问题。如果是这种情况的话，通过提升肠道位置大多数人都是可以治愈的。**原本不相干的重压，却从天而降，会出现痛经和机能受损的问题也是情理之中的事情吧。**

我曾经接待过的一位客人D女士（五十多岁），她每天坚持做肠道体操，最后她的良性子宫肌瘤神奇般地变小了。这大概是由于肠道压迫了子宫，并给子宫增加了负担吧。如果您患有严重的痛经和子宫肌瘤，请务必去妇科就诊。如果在就诊时遇到，“没有什么异常发现”“不知道这是什么病”的情况，请您尝试着做一段时间肠道体操。

我向“由于痛经每月都服用止痛药”的女性特别推荐这套肠道体操。因为这种女性往往会遇到如下问题：身体产生抗药性，少量的止痛药根本不起作用；加大药量和长期服药有可能产生意想不到的副作用。

我想让大家铭记一个关键信息：按照上述发展，肠道下垂会对子宫造成意想不到的恶劣影响。

是时候使肠道复位了！

在第三章里，我详细介绍了肠道下垂对身体的影响以及身体各部位“暴跌（下垂）”的情况。为了不使肠道下垂，让我们每天精力高度集中 15 秒，让人生发生戏剧性的华丽转变吧！在接下来的第四章里，我将为大家介绍“千呼万唤始出来”的肠道体操了。

肠道体操的神奇之处在于肠道位置提升之后，将对我们的身心产生受用不尽的影响。肠道恢复到原来的位置之后，肠道周围的内脏也得以提升，开始以良好的状态发挥各自的功能。当然，久居小肠内壁的“斑斑污迹”也要远迁他乡了。“身材”（肌肉和脂肪）也变得匀称，不会太胖也不会太瘦。另外，不仅仅是“肠道护理”，我还会为大家介绍具有针对性的赘肉提拉方法。

“想提胸！”“想提臀！”“想变瘦！”这些与“瘦”相关的“提”的愿望，肠道体操都能帮你一一实现。懒散、忙碌又不爱运动的女性，我都热烈欢迎。**“一呼一吸间就能变瘦”“睡梦里都能变瘦”**，通过这些懒到极致的方法来提升肠道，最终提升、紧致自己喜欢的部位。

此外，我还为那些还有两周就要穿泳装的女士量身打造了完美契合的课程。“我因为生理期，很遗憾，在海滩也不能穿泳装了……”这种谎言，你再也不用说第二次了！只要15秒，肠道体操会带给你看得见的身体提升。只要你做，就能提升你喜欢的部位，毫不费时便能实现完美身材！迷人的“小蛮腰”和“平坦的小腹”就在眼前。

第四章

简单易行

15 秒肠道体操，效果立竿见影

重要的事情说三遍！“肠道位置有问题的患者占九成”

肠道是“肌肉做成的管道”，背负着“伸长，受到影响，开始下垂”的宿命。所以，让我们开始促使肠道全体总动员的肠道体操吧，肠道体操能够直接促使肠道整体运动，它的神奇之处在于**能附带提升肠道之外的身体部位（具体是哪个部位由您随意选定）**。打个比方来讲，你**在商业街买了100日元的东西，却中了价值30万日元的夏威夷旅行券的大奖**，100日元和30万日元，简直是天壤之别。

那些宣扬“改善肠道内环境”的仅仅推动肠道内部运动的训练方法俯拾即是，但是我们应该关注的其实是“肠道位置”，我们应该从“肠道的外在”着手整治。这样，“肠道的内涵”也会随之改善。

对于肠道来说，“颜值即正义”，“颜值”提高了的话，即便内部脏兮兮的，也没有太大的问题。让我们以拥有一副“昂首挺胸”的肠道为目标，愉快地开始做肠道体操吧。

要时刻记得，“肠道位置有问题的患者占九成”这个数据，要让肠道“身居高位”。

方法：“基础肠道体操”+“局部体操”

接下来终于到了具体介绍肠道体操的时刻了。这套体操包括两部分，分别为**“基础肠道体操（两种）”和“局部体操”。做“肠道体操”，要树立三个主要目标：“排便”“提升肠道位置”和“减肥”**。在达到这些目标之前，或者接近理想体型之前，请每天坚持不懈。在此基础上如果能够坚持做“局部体操”的话，效果更佳！坚持不懈地重复做的话，**除了能够提升肠道位置，还能提升你想提升的部位。**也就是说，肠道体操的益处具有乘法效应，它相当于“排便 × 提升肠道位置 × 提升你想提升的部位”之积。你会变得小腹平坦，小腰纤细，小脚玲珑。还会成为“前凸后翘”的“腹高女（肠道位置高的女性）”。

关注“肠道位置”问题，你会收获全身性的改变。每种肠道体操每天做 15 秒，坚持两周体型就会有变化。让我们一起高度集中注意力做肠道体操，让身材发生戏剧性的改变吧。

不仅仅是“减肥”。狙击你喜欢的部位，一枪击毙赘肉，使你的身体能够抵抗重力。提起肠道体操，我就赞不绝口。（笑）

如果你没有具体目标，只是想瘦的话，请先坚持做两周基础体操和你想做的任意一种局部体操，你肯定会感觉到实际的变化。

提醒一下大家，在做肠道体操的时候，请脱掉腰带、文胸和紧身短裤等紧束身体的衣物，并且，如果条件允许，请赤脚做（爱因斯坦式体操穿着鞋做也无妨哦）。切记不可运动过度！一旦感到疼痛，请一定不要勉强自己硬做。在保证自己不受伤的前提下努力做体操吧。

肠道体操的做法

两种基础肠道体操（坚持两周）

●目标：提升肠道位置达到排便通畅的状态，进而减掉体重。

●请坚持至目标体重为止。另外，选择了做“局部体操”的人，请坚持到达到心理预期效果为止。

●没有“每天要做几次”这种次数限制。

+

如果你有特别想提升的部位

局部体操（坚持两周）

●目标：在提升肠道位置的同时，着力增强特定部位的提升效果。

●坚持到你拥有理想中的身材为止。

●没有“每天要做几次”这种次数限制。

另外，即使是达到了目标体重，获得了理想身材，为了能够“保持”这种状态，也要忙里偷闲，坚持做自己想做的体操。

---

* 谨防受伤。

*尝试突破自己上限的时候，如果出现疼痛等情况，请中止运动。

排出该排出的东西
提升身体的前期准备

基础肠道体操

首先介绍两种体操，它们能够提升肠道位置，使我们告别便秘，小腹平平。

认真调整呼吸，促使腰部运动等。在心里默念“这是通便的魔法”，并全力去实践。不管怎么说，减肥的第一步是排便，理想状态是每天 3 次。而且，有许多女性是“隐性便秘患者”。

基础肠道体操从某种意义上来讲，是轻松提升自己喜欢的身体部位的基础。

» 翻到下一页，开始基础肠道体操吧。

基础肠道体操

（排出该排出的东西，提升身体的前期准备）

基础肠道体操一—— 一呼一吸之间，轻松瘦身

联合呼吸式体操

（腹式呼吸和胸式呼吸同时进行的体操）

① 站立，两脚张开至肩宽。双手平放于大腿上。

② 双手缓缓上扬，配合手臂动作用鼻子吸气 5 秒，使空气按照由腹部到胸部的顺序吸入。

③ 缓缓放下双臂，配合手臂动作用嘴呼气 10 秒，使空气按照由胸部到腹部的顺序呼出。放下双臂的时候，为了能够看到肚脐，要慢慢躬起上身。

④ 呼出所有气体后，起身立正，由鼻吸气（把空气一下子吸满腹部和胸部）。

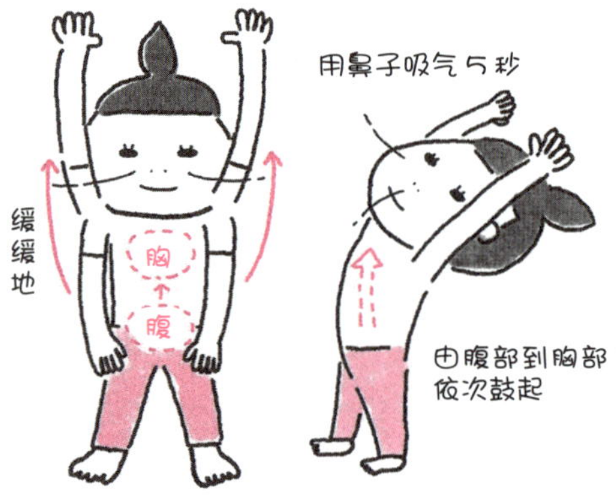

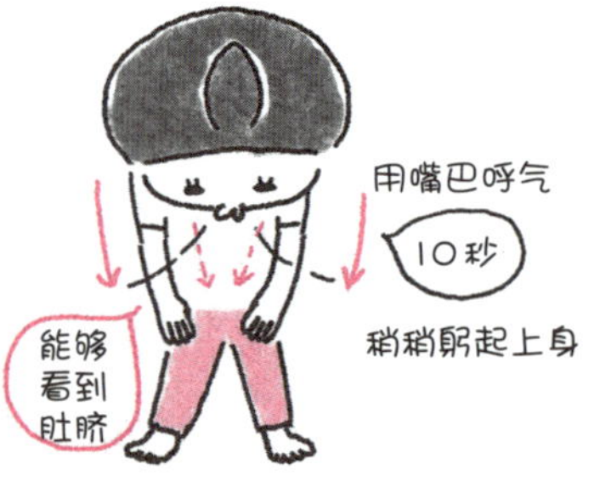

效果及原理

· “腹式呼吸”可以提升腹部，“胸式呼吸”可以提升胸部。受其影响，肠道也能得到提升。

· 下意识地进行呼吸可以调节自主神经。

· 深呼吸有利于全身血液循环，促进肠道活动。

觉得联合呼吸式体操的第② ③步比较难做的朋友，可以试试腹式呼吸和胸式呼吸分开进行的方法。

（1）腹式呼吸体操

① 站立，两脚张开至等肩宽。

② 两手叉在侧腹部，即，与肚脐水平的腹部一带。

④ 由口呼气，持续 10 秒，同时用手指把鼓鼓的肚子捏扁。如果把握不好时间，可以间断性地噗、噗、噗地吐气。

③ 由鼻吸气 5 秒，使腹部鼓起来。

⑤ 呼出所有气体后，迅速松开两手，同时吸气，一口气吸满腹部。

（2）胸式呼吸体操

① 站立，两脚张开至等肩宽。

② 双手扶住侧腹上部，大约在文胸下端。

④ 两手按住胸腔，由口吐气 10 秒，使鼓起的胸腔变瘪。大概是一种双手用力往身体里挤的感觉。

③ 保持 ② 的姿势不变，由鼻吸气 5 秒，使胸膛鼓起来。

⑤ 呼出所有气体后，迅速松开两手，同时吸气。一口气吸满胸腔。

基础肠道体操二
——超简单排便法

道歉式体操

① 站立，两脚张开至等肩宽。

② 右手置于肠骨（腰部骨头向外突出的部分）上，左手扶住肋骨下方。

③ 像鞠躬一样，上半身缓缓弯下再直起，重复 10 次。有意识地将头远远地往前伸，同时，心里默默计数 1 到 10。弯下腰的瞬间，猛地收腹，双手配合弯腰动作，按揉侧腹，在 10 次的鞠躬过程中，左手一边按揉侧腹，一边缓缓下滑至肠骨处。最后，两只手都至肠骨处。

效果及原理

· 通过弯腰和按揉侧腹促进排便。

· 通便之后，代谢物排出体外，肠道也随之提升。

· 肠腰肌、臀大肌和大腿内侧肌肉等柔软后，促使全身柔软。

提升你喜欢的部位

局部体操

做了基础肠道体操之后，肠道位置会渐渐上升，体重也会开始减轻。在此基础上，你需要做一些局部体操。

有些人会有这样的想法，“我的手臂和脚都还好，就是想甩掉肚子上的游泳圈！”我特意为这些朋友准备了进一步提升肠道位置，紧致特定身体部位的局部体操。

“基础肠道体操 + 局部体操”搭配，提升效果更佳！作为“前任便秘女”，我在经历各种惨败之后，精选出我引以为傲的局部体操菜单，敬请大家尝试。

想提臀，请做 70 页的伸展体操！
想丰胸，请做 71 页的肘部体操！
想美背，请做 72 页的雨刷式体操！
想腹部塑形，请做 73 页的左顾右盼式体操！
想要双纤纤细脚，请做 74 页的火烈鸟式体操！
想瘦脸，请做 75 页的爱因斯坦式体操！
想瘦手臂，请做 76 页的升降式体操！

» 请在提升肠道位置的同时，“狙击”你在意的部位！

提升臀部的体操——为了提臀而提臀

伸展体操

① 站立，两脚张开至等肩宽。

② 左脚向前迈出一步，左膝弯曲成90°，腰部下移，挺直腰部与左腿垂直，右脚向后伸展（要尽力向后伸展）。

③ 有意识地伸展你右腿前面的肌肉，即股直肌，臀部也在提升的感觉。将左脚后脚跟偏向身体内侧的话，臀部会“更上一层楼”（做到第三步，其实已经很有效果了）。

④ 尽可能地抬高右手，保持5秒钟（如果你仍有精力的话，可以将上半身尽可能地向左转，保持此姿势不变）。

⑤ 更换左右脚，做同样的动作。

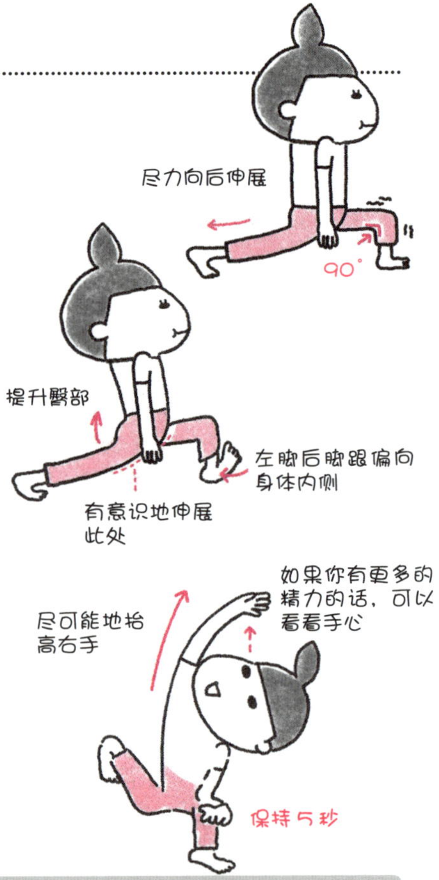

效果及原理

· 通过拉伸腹部，腹斜肌（侧腹）和腹直肌（腹部正面）得到锻炼，肠道也得以提升。

· 肠道自不必说，臀部也会受到影响得以提升。

提升胸部的体操——让胸部有“上进心”

肘部体操

① 站立，两脚张开略比肩宽。

② 两手自然下垂于身前，收腹，弯腰约 90°。

③ 向上高举双肘。

④ 扩胸，耸立两侧肩胛骨的感觉，按咚、咚、咚的节奏上举双肘，重复 15 次（每次持续 1 秒，共计 15 秒）。

效果及原理

· 通过收腹，锻炼腹部肌肉，提升肠道位置。

· 通过扩胸运动，促进胸部的代谢物流通，同时也能锻炼胸部肌肉，进而提升胸部。

· 有利于从腋下到侧腹的淋巴液流动。

· 背部肌肉得到锻炼，因而可以紧致背部。

紧致背部的体操

——变身背影杀手，随时都可以展露美背

雨刷式体操

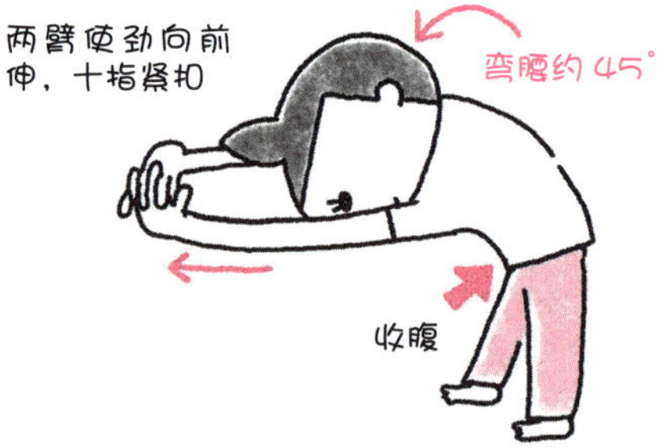

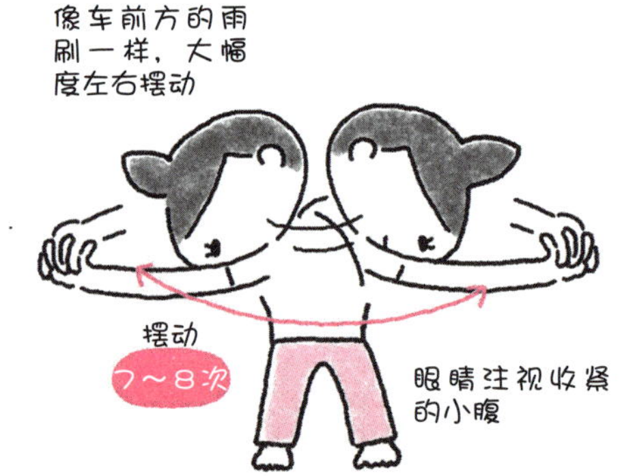

① 站立，两脚张开略比肩宽。

② 两臂前伸，掌心向内，十指紧扣。

③ 保持两臂平行地面，弯腰约45°，后背躬起。

④ 保持十指紧扣姿势，两臂左右大幅摆动。头部朝下，注视肚脐。

两臂好似车前方的雨刷，在自己前方 180° 的范围内左右摆动 7 ~ 8 次。沿地面横扫，持续约 15 秒。

* 摆动两臂的同时，有意识地伸展肩部肌肉。另外，尽量保持收腹状态。

效果及原理

· 通过伸展肩胛骨周围的肌肉，达到背部紧致的效果。

· 通过锻炼腹部，肠道由下方支撑，有助于提升肠道位置。

提升腹部的体操
——告别大腹便便

左顾右盼式体操

① 重心放在左腿，抬起右脚。

② 屈膝，使抬起的右腿大腿与地面平行。

③ 用左手按住右腿，向左侧扭转。

④ 抬起双臂，保持与地面平行，向左侧扭转。如果可以的话，眼睛看向左侧，保持 7 秒。

⑤ 恢复双脚站立姿势。

⑥ 更换左右腿，重复上述动作。

精简版

保持单脚站立的同时扭转另一条腿的动作十分困难。

你可以扶着墙壁或者桌子等物保持单脚站立，另一条腿的膝盖向内、向外转动，即便只做 15 秒钟也有提升肠道的效果。

效果及原理

· 通过抬脚锻炼肠腰肌，进而提升肠道。

· 通过扭动身体锻炼支撑肠道的腹斜肌。

· 使包围肠道的肠腰肌、腹斜肌、深层肌肉等更加高效地工作，从而达到提升整个腹部的效果。

瘦腿体操

——和肥大的裤子说永别

火烈鸟式体操

① 左腿支撑身体，抬起右脚。

② 从背后折过右腿，右手握住右脚的脚尖，将脚尖靠近臀部。

③ 在② 的基础上，背部和腹部向后仰，有意识地将两肩向后背中间耸起，保持 7 秒。此动作可使左边臀部得以提升。抬起下巴，腹部可能得到更加充分的伸展。

④ 更换左右脚，重复一遍。

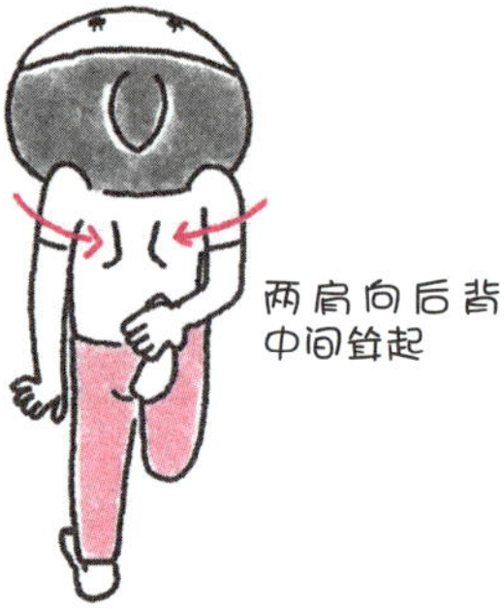

效果及原理

· 由于平时很少使用而变得僵硬的股四头肌（大腿前侧肌肉）得以放松。再加上腹部拉伸的效果，能够提升肠道。

· 腹股沟受到刺激，淋巴液流动得以改善，可达到瘦腿的效果。

瘦脸体操
——要和爱因斯坦一样小脸尖尖！？

爱因斯坦式体操

① 站立，两脚张开至等肩宽。

② 仅头部右倾，拉伸胸锁乳突肌，即转头的时候浮现出的像血管一样的肌肉。

③ 为了更好地拉伸胸锁乳突肌，可以把舌头向右下方伸出。上半身也可以向右侧倾斜。

④ 将左手“嗖”地一下向左下方伸展，再将左手转向后背。

⑤ 用力向后转动左手，同时身体右倾，拉伸腹部和侧腹，保持 7 秒。

⑥ 反转左右手，重复上述步骤。

效果及原理

· 通过拉伸颈部胸锁乳突肌，改善血液和淋巴液的循环，有利于紧致面部肌肤。

· 通过吐舌，向后扭转手，更大程度地刺激胸锁乳突肌。

· 侧身运动有助于提升肠道位置。

瘦手臂体操

——和拜拜肉说再见！

升降式体操

① 站立，两脚张开略比肩宽。两臂向后，十指紧扣，掌心向外。

② 一边吐气一边弯腰。

③ 弯腰的同时双臂随之向前，直到极限处。收腹，左右摆臂，持续 7 秒。

④ 保持十指紧扣于背部不变，一边吸气一边直立上身。

⑤ 保持姿势不变，上半身后仰至极限处。呼气收腹，两臂左右摇摆，持续 7 秒。

⑥ 恢复站姿，深长地吸气。

效果及原理

· 刺激平时不太会用到的两臂肌肉，来达到紧致和提升的效果。

· 在吐气的同时收腹，腹部肌肉得到锻炼，有助于提升肠道。

为您量身定制的肠道体操课程

可能有一些女性朋友会说："选项太多了，不知道怎么选呀！"别着急，我为你们准备了量身定制地课程计划。

想要瘦身的朋友自不必说，受便秘和月经疼痛困扰的朋友以及不想运动的朋友们都适用于这个课程计划。

瘦身课程

对于想瘦身的朋友来说，重要的是不断改善排便情况以及活动大块肌肉。 在基础肠道体操的基础上，再做雨刷式体操，可以使全身都活动起来。这是通过锻炼腹部和背部肌肉的瘦身大作战！

课程计划

以下 4 项连做为一组，每天早中晚各一组。

- 15秒联合呼吸式体操（基础肠道体操）
- 15秒道歉式体操（基础肠道体操）
- 15秒雨刷式体操（提升背部的体操）
- 15秒左顾右盼式体操（提升腹部的体操）

躬行者们……

90后E女士
3周减掉6千克!

80后H女士
2月减掉9千克!

想两周后穿泳装的课程

“马上就要去常夏之岛旅行了，腹部却自带游泳圈”。如果你有这种苦恼，那你可以选择下面的课程计划。值得一提的是，这个计划里包含了提升胸部的体操。这组体操可以同时锻炼胸部和腹部，尤其是小腹，可以说是最理想的比基尼对策了。

课程计划

以下 4 项连做为一组，每天早中晚各一组。

- ◆ 15 秒联合呼吸式体操（基础肠道体操）
- ◆ 15 秒道歉式体操（基础肠道体操）
- ◆ 15 秒火烈鸟式体操（瘦腿体操）
- ◆ 15 秒肘部体操（提升胸部的体操）

解决生理期前疲劳、乏力、烦躁的课程

火烈鸟式体操和伸展体操是滋养骨盆的最佳选择。另外，联合呼吸式体操有温暖腹部的效果。这个课程也有助于缓解漏尿问题以及各种更年期症状。

课程计划

在生理期前几天，要保持心情愉快，按照自己喜欢的节奏舒适地做下述体操。

以下 4 项连做为一组，每天早中晚各一组。

- ◆ 15 秒联合呼吸式体操（基础肠道体操）
- ◆ 15 秒道歉式体操（基础肠道体操）
- ◆ 15 秒火烈鸟式体操（瘦腿体操）
- ◆ 15 秒伸展体操（提升臀部的肠道体操）

排便效果立竿见影的课程

只做基础肠道体操就能得到很好的通便效果。若加上左顾右盼式体操的话就所向披靡了！有很多人在三分钟之后就排便了，也有不少人在做这组体操的时候，就突然有了便意。

课程计划

以下 3 项连做为一组，每天早中晚各一组。

- ◆ 15 秒联合呼吸式体操（基础肠道体操）
- ◆ 15 秒道歉式体操（基础肠道体操）
- ◆ 15 秒左顾右盼式体操（提升腹部的体操）

针对只想坐着的人士的轻松课程

“我太忙了，想做最简单的”“可以的话我想坐着做体操，无论如何都不能躺着做体操吗？”如果你是这一类人，那只做基础肠道体操就好了。觉得这也太麻烦了的朋友，可以在日常生活中有意识地经常“侧视”和“转头”。上班时若无其事地转头，只要得其要领，就是肠道体操时间。

课程计划

抓住碎片时间，速战速决，这是重点。可以坐着做，也可以躺着做。

◆ 15 秒左顾右盼式体操（提升腹部的体操），坐着做的话，可以省略下肢动作。

◆ 15 秒爱因斯坦式体操（瘦脸体操），旁边有人在的话，不吐舌头也可以。

第五章

轻轻松松，
每天提高肠道位置

使肠道不下垂的生活方式

“便秘”是肠道下垂的重要原因，其实在我们的日常生活中，有许多意想不到的生活习惯有助于我们排便。如果你知道了我们肠道和身体的构造，对于这些习惯会不由感叹一声，“原来如此呀！”那么，就让我为大家介绍一下**解决便秘，从肠道做起**，使你恍然大悟的生活习惯吧。

想要提升肠道位置，首先要做到每天定时排出体内的“积聚物”，同时给予肠道以适度的刺激，并且让这种习惯形成我们身体的一种条件反射。

★轻松排便的习惯 1 左脚单脚跳，使肚子渐渐变轻盈

虽然有点突兀，但我想问问大家有多久没玩过“单脚跳”这个游戏了（单脚跳是一种儿童游戏，用一只脚蹦蹦跳跳）？

“已经 10 年或者 20 年没做过了。”“咦，怎么玩来着？”做出这种回答的女性朋友，不仅仅是肠道，身体和心灵也都在老化的道路上狂奔呢。为了使肠道不再下移，早上在上厕所之前，请用左脚做 3 次单脚跳。为了避免不小心摔倒，请在比较宽敞的地方做哦。

为什么我一定要推荐大家做左脚单脚跳呢？因为单脚跳能够使

全身上下振动，使肠道感到晃动。而且想要重点摇晃肠道的左侧。说起**肠道的左侧**，想必大家都有印象吧。对，就是那个可怕的污肠的拐角处，那个由于合作不顺利导致食物残渣堵塞的节点，也是横结肠和下结肠的连接处。所以通过用左脚做单脚跳的方式来刺激污肠的拐角处很是重要。早上去洗手间前左脚单脚跳的话，可以适度刺激污肠的拐角处，但留神不要受伤。让我们一起用这样的方式来治愈便秘吧。

★轻松排便的习惯 2　可以消脂的抬肘刷牙法

我们每天都会站在镜子前刷牙，其实这种机械的刷牙动作，用不同的方法也能转变成高效的肠道体操！做法其实很简单，**抬高肘部刷牙**，仅此而已。肘部不要垂直地面，而是要平行地面。抬臂的时候，能感觉到侧腹部附近的拉伸。此时，**肠道附近的肌肉也随之提升**。认真做的话，还有紧致手臂的效果哦，所以一定要做！

另外，为了保持左右平衡，也建议大家用左手刷牙（当然你要是左撇子，那就尝试一下用右手刷牙）。

★轻松排便的习惯 3　一步跨两级台阶，有助于肠道位置提升

每天上班、上学、购物，或者出去玩的时候，你是怎么爬楼梯

的呢？如果你是从不爬楼梯，只乘电梯的那类人，那就要做些改变了。走楼梯更能有效地锻炼肠腰肌，为了养成提升肠道的好习惯，请大家一定要坚持走楼梯。

但也不是一步跨越多的台阶越好，大家没必要挑战一步跨三级或四级台阶，用心琢磨怎么将一步跨两级台阶变成日常生活习惯即可。为什么一步跨两级而不是三级呢？这是因为一步跨两级台阶时，两腿张开的角度刚好有利于做肠道体操，一步跨三级台阶感觉会更好，但这会给肠道的朋友“大腰肌”“肠腰肌”增加负担。有机会的话，可以感受一下。

在一步跨两级台阶爬完楼梯之后，记得要面带从容不迫的笑容，元气满满地过检票口哦。

还有，这个时候记得用左手把车票插进检票机里。如果你用的是交通卡，那就用左手刷卡进站。因为检票机的卡槽和IC卡的感应区基本都在右边，所以我们用与之相反的左手刷卡的话，手臂就不得不转到另一侧。

这样，稍微花点儿心思，去上班的时间也变成肠道提升时间。

★轻松排便的习惯4　踮脚尖，弱化重力带给身体的影响

肠道十分需要适度的振动，**即便是小幅度的上下振动，也能激**

活肠道机能，促进血液循环。虽然肉眼看不到肠道欢喜的样子，但振动真的能够愉悦肠道。

不管我们身在何地，在做何事，都最好悄悄地摆动身体来取悦我们的肠道。比如，坐着时轻抬肘部，一个人的时候做单脚跳，如果能像小白兔一样蹦蹦跳跳的话，那也是一个良好的提升肠道位置的习惯。在人前的话，可以做踮脚尖运动，在车站大厅也好，提着行李也好，都可以做。试着笔直地站立，踮起你的脚尖，开始上下振动吧。踮起的脚尖会把你对肠道的重视和爱意转达给肠道。

★轻松排便的习惯 5　葡萄柚精油浴，悠闲的肠道提升方法

我们经常会看见含有葡萄柚精油的洗浴用品。这和我推荐给大家提升肠道位置的习惯也有关。泡澡有许多有利于提升肠道位置的好处，比如温暖身体，改善血液循环，促进基础代谢，放松等效果。其中，**促进基础代谢的效果与提升肠道位置有直接的联系**。基础代谢是指人体维持生命的所有器官所需要的最低能量需要。基础代谢率提升之后，肠道内环境得到改善，便秘问题也会随之得到改善。下垂的肠道会变成排便通畅的肠道，肠道变得轻盈，位置也会猛地提升。

如果在此基础上加入含有葡萄柚精油的浴盐的话，你可能会意外地感觉到减重和减龄的双重效果。下面就让我来给大家简单介绍

一下关于葡萄柚的研究成果吧。

闻葡萄柚的香味会激活我们的交感神经，促进体内脂肪的分解，进而达到减肥的效果。与之相对，薰衣草的香味有助于副交感神经的活跃，会增加体重。这一事实已经由日本大阪大学蛋白质研究所的原所长永井克也教授（主攻生物化学）和新潟大学的名誉教授新岛旭（主攻生理学）进行了证实。5 只平均体重 250 克的小白鼠闻葡萄柚香气，在 6 周之后大约长到 400 克，比没有闻葡萄柚香气的 5 只小白鼠平均轻了大约 20 克。而 5 只闻薰衣草香气的小白鼠比 5 只闻葡萄柚香气的小白鼠平均重了大约 20 克。

让我们开始泡有利于提高代谢率，促进脂肪分解的葡萄柚精油浴吧。为了能够看到实际效果，记得每天早上测一下体重。另外，晚上洗完澡观察一下自己的身体轮廓和小腹的形状，再做肠道体操。这也是一个很好的习惯。

污肠夫人造成肠道下垂的生活习惯

作为一名美肠护士，迄今为止，我帮助许多女性解决了肠道问题。和她们相处的过程中，我不仅仅对污肠的症状深有感触，还通过与她们的谈话总结出了一些污肠夫人的共同之处。

前文中我已经给大家介绍了不少有利于提升肠道的生活习惯，

接下来要曝光一些污肠夫人们共有的坏习惯。

有些看似不错的生活习惯，其实对肠道损伤甚重。请提高警惕！

★坏习惯 1　果然头发还是要自然风干呀！

你洗完头之后，是用吹风机把头发吹干，还是任由其湿漉漉的呢？如果你是后者，请立刻改掉这个习惯！因为你现在身体表现出的以便秘为首的各种问题，都有可能是由不吹干头发引起的。仅用毛巾稍微擦擦头发，不用吹风机吹干的话，头部会感觉冷风嗖嗖的吧。长头发的女性朋友感觉可能更明显。即便是夏天，头部持续受凉的情况对身体也是有害的。更可怕的是，这种头部受凉的弊端会波及全身。无论你的头发多么浓密，由于头部表面积比较大，与外部的冷空气接触之后，很容易散失全身的热量。头部突然降温之后，肠道等内脏自然也会受冷。肠道受冷之后，其机能会钝化，继而逐渐下垂。原本就容易下垂的肠道，下移会更严重。

“我很喜欢头发湿漉漉的感觉，而且吹干很麻烦！”我很理解大家这种心情，但是为了避免因头部受凉而伤害到肠道，我们还是尽快吹干自己湿漉漉的头发吧。

★坏习惯 2　早饭要吃饱吃好

“一定要好好吃早饭。”想必大家都听过这样的说法。据说其理由是，把食物输送到肠道之后，身体才会苏醒。这也不是毫无道理，但是输送到肠道里的食物不需要太多。准确地说，**早餐一根香蕉就足够了**。

当然，早餐只吃一根香蕉，一开始你会觉得“这哪够！”，并深以为苦。这只因为你的大脑被过去美味的记忆控制着，产生“之后可能会能量不足，还是再多吃点好”的想法，但从补充身体能量的角度来讲，一根香蕉的能量足矣。若论其原因，就不得不提“早晨”这个时间段了。**早晨是包括肠道在内的全身排泄的时间段。**在这个时间段要是吃太饱的话，会阻碍重要的排泄过程。请大家想想自己在截止日期临近，工作仍堆积如山，埋头苦干的时候，上司突然说，“你还能做更多工作吧”，于是不由分说给你派了新工作。这很令人恼火吧？再回到肠道，这大概和“早饭一定要吃饱吃好”的说法很相似吧。

此外，引起许多人热议的“每日一餐减肥法”的合理性也有待考究。**每天不能只吃一餐，要一顿不漏地吃满三餐，只是早餐要“吃少”，这才是合理的膳食。**

★坏习惯3　刘海，还是梳向右边吧

接下来，我要和大家谈谈发型对肠道惊人的影响。你的刘海平常是偏向左边还是偏向右边呢？如果你的回答非“左”即“右”，那你的肠道很可能已经堵塞了。进一步说，**刘海偏向右侧的人问题更加严重！**如果你的发型是偏向右边的话，你的身体会不自觉地偏向右侧。

这样一来，你肠道的左侧就会变得容易堵塞。说到肠道的左侧，想必大家都还有印象。对，就是那个可怕的“污肠的拐角处”！它在“横结肠”和“下结肠”的连接处。

肠道的左侧本来就很容易积聚食物残渣，全身右倾的话，便便会更加难以通过拐角处，肠道堵塞问题进一步恶化。我理解大家的爱美之心，但还是建议大家中分，或者频繁地更换刘海朝向。

★坏习惯 4　我要吃薄煎饼，我要吃薄煎饼！

最后，我还想提醒大家留意一种很具代表性的甜食——俘获了万千女性朋友胃口的**“薄煎饼”**（在面粉里加入牛奶、鸡蛋等食材，摊得薄薄的煎制而成的一种甜食）。薄煎饼是真的很好吃，我也十分理解很多女性朋友“为吃一张薄煎饼而排队数小时”的执着。但是，**它极易导致肠道下垂。**

我最担心的还是薄煎饼**含糖过多**这一点。原味就已经含糖过多了，要是再加上一些鲜奶油、甜沙司、浆果类的水果……看到这些成分，不由得担心吃了之后血糖值会不会飙升。有不少研究表明：糖分，尤其是白砂糖，会造成身体水肿和松垂，并导致内脏下垂和松弛。用米粉做成的薄煎饼还好，但大部分薄煎饼的主要成分还是小麦粉。小麦粉富含谷蛋白，它不仅会致使肠道下垂，据说它还有可能导致肠道出现孔洞的疾病。也就是最近引发一部分人热议的**“肠漏”**。

“肠漏”指的是肠道处于一种肠壁黏膜上出现孔洞，使原本不该进入血液的病毒和细菌等有害物质渗漏进血液的状态。现在已有大量研究表明：谷蛋白是造成肠漏的原因之一。

此外，还有一件事我比较担心，就是薄煎饼质地松软不需要费力咀嚼这一特性。因为，咀嚼不充分也有诸多弊端。充分咀嚼食物的话，口腔会分泌大量唾液。唾液里含有第一种消化液，它能够提高消化器官的免疫力，并且提前消化食物。如果因咀嚼不充分而导致唾液减少的话，肠道的工作量就会增加，包括肠道在内的所有消化器官的免疫力都会下降，继而肠道会感到疲劳困倦，位置缓缓下移。最终损害你的健康和身材。

请大家放弃松松软软，有“污肠甜食急先锋”之称的薄煎饼，想吃甜食的话，我给大家推荐一些比较健康的食品。比如：富含膳食纤维润肠通便的**干果和坚果类（无盐）**；同样富有膳食纤维，有助于促进肠道运动的**含有豆馅儿的点心**；能够改善肠道内环境的**甜米酒和酸奶（无糖）**等发酵食品。酸奶中含有促使益生菌增殖的低聚糖类效果更好。让我们尽早换上“美肠甜食”的菜单吧。

第六章

保持肠道不下垂的食物集锦

如果你对健康饮食感到迷茫，那就开始吃黏糊糊的食物吧

行文至此，我跟大家交流了一些通过做肠道体操和改变生活习惯来“排出该排出的，提升肠道位置”的方法。但是提起“整顿肠道”，大概有不少人的第一印象就是应该从饮食着手。因此，在最后一章，我想给大家介绍一些有助于提升肠道位置的食物及其食用方法。

经常会有女性朋友问我这种问题：“请你用一句话介绍有利于肠道位置提升并且有益于肠道的饮食。当然，拜托要说得容易记住哦！”要是想要听容易记住的话，那大概只有这句了。直截了当地说，就是**“黏糊糊的食物”**！比如说纳豆、秋葵、山药、黄麻、海藻、朴蕈和莲藕，这几种食物都黏糊糊的。这些食材看似迥然不同，但是它们具有黏性的物质是一样的，即**“黏蛋白”**。

“黏蛋白”是由一种被称为“水溶性膳食纤维（多糖类）”的成分和“蛋白质”混合而成的一种物质。它有助于蛋白质的分解，能够促进消化，还具有保护胃和呼吸器官的黏膜的功效，能够预防胃炎。此外，**组成黏蛋白的水溶性膳食纤维能够使肠道里的益生菌增殖，所以它也有利于整顿、改善肠道内环境。**进一步说，这种“黏糊糊的力量”能够使食物在肠道里平缓流动，有利于消化和吸收稳定进行，从而抑制血糖值和血液中胆固醇值的上升。大家一定要积极地多吃这些健康的、黏糊糊的食物。

另外，我还推荐大家把自己喜欢的黏糊糊的食物组成一个“精英战队”，然后用它们做成别具风味的盖饭。比如把纳豆、秋葵、山药、海藻与金枪鱼混合做成**黏糊糊的金枪鱼盖饭**。

把金枪鱼做成寿司的话，则能够摄入谷酰胺。谷酰胺对于小肠黏膜是第一重要，对于大肠黏膜来说是第二重要的能量之源，它能让大小肠黏膜变得更加强健。可见，**金枪鱼是极好的“肠道食品”**。

在这些肠道食品上再加入其他黏糊糊的食材和味噌汤（如本书所写的一样，发酵食品也有利于肠道位置提升）的话，简直称得上是“肠道盛宴”了。

肠道不下垂的女性在晚上十点之前会做的事情

为了使肠道得到充足的休息，**前一天的晚饭和第二天的早饭之间最好相隔 12 小时（大约半天）**。为什么需要有 12 个小时不进餐的时间呢？理由很简单，因为这样就自然而然地发展成了短时间的断食。短时间断食是肠道的休息时间。肠道空了，便会被“肚子好饿呀”这种纯粹的食欲叫醒。另外，肠道空空的状态有利于肠道运作，早上排便会更加通畅，这有利于提升肠道位置。

那么，在哪个时间段进行短时间断食好呢？如果高要求的话，晚上 6 点到次日早晨 6 点这段时间最好不过了，但这很难做到吧？

请参照以下的最佳用餐时间，认真思考一下适合你的断食时段。

一日三餐的最佳用餐时间

◆早餐　早上 6 ~ 8 点左右最佳。早上是肠道的排泄时间，如果在 10 点之后吃早餐，那么排泄时间就会延长，这是大忌。

◆午餐　最好在下午 3 点之前解决。一日之中，下午 3 点是血糖值的最高峰，所以最好在此之前吃午餐。

◆晚餐　晚上 6 ~ 8 点最佳。最好在睡前 3 小时解决晚餐。晚上十点之后是肠道的休息时间，10 点之后吃晚餐，会打扰肠道休息，这也是禁忌！

* 前提原则：每餐之间至少相隔 3 小时。

可能会有人问："只要能保持 12 小时的时长，晚上 11 点到次日早上 11 点进行短时间绝食可以吗？"这听起来似乎是可行之计，但是，因为早上是肠道排泄的最佳时间，所以，**最迟也要在早上 10 点之前吃早餐**。为了肠道健康，要早睡早起，早吃早餐，请大家牢记这一点。

清晨在窗边吃香蕉

早晨的香蕉是最好的肠道食品。**最佳的吃法是：站立于窗前，一边沐浴晨光，一边用手轻按左侧肋骨的终端，悠闲地吃香蕉。**沐浴晨光有以下几点好处：在阳光的照耀下，大脑分泌的激素“褪黑激素”可以转换为幸福激素“血清素”，这会使我们神清气爽；生物钟得到调整，自主神经恢复正常，身体素质也会转好；用手轻按位于肋骨终端的“污肠的拐角处”，也能够给予肠道以适度的刺激。这样吃香蕉，在心情变美丽的同时，肠道位置也能迅速提升。

此外，优秀的肠道食品——香蕉，富含低聚果糖。虽然它不如砂糖甘甜，但热量比较低，不太容易造成血糖值上升。而且，低聚果糖比其他糖类难消化，因此，它能抵达肠道，有利于益生菌增殖。香蕉另一个广为人知的特性是它**兼有“水溶性”和“非水溶性”两类膳食纤维**。水溶性膳食纤维有多种功效：比如使便便松软易排出，吸收多余脂肪使其随便便一同排出，维持胆固醇值与血糖值的稳定。非水溶性膳食纤维能够在很大程度上吸收水分，使便便体积变大，这能够给予大肠以适度的刺激，使人产生便意。

兼具这两大好处的香蕉，让人觉得它简直是为通便而生的超级肠道食品！话虽如此，但也不要一天连吃两三根香蕉哦。一天一根香蕉是基本原则。

据《日本食品标准成分表2015》(由日本文部科学省公布)可知，100克香蕉(大约1根)含有360千焦能量。相当于三分之一碗米饭，半片面包（6片切片的长面包）。此外，香蕉的糖分含量也很高，每100克香蕉含有22.5克的碳水化合物。与同等质量的其他食材相比，米饭(精白米)含37.1克碳水化合物，面包含有46.7克碳水化合物。

在减少主食和点心糖分的基础上，尝试一下早餐只吃一根香蕉吧。

还是不要先吃蔬菜的好

在这里，我想明确告诉大家一件事：**以减肥为目的的吃饭顺序和以维持肠道不下垂为目的的吃饭顺序是不同的。**

以维持肠道不下垂为目的吃饭顺序如下：

◆**温热的粥汤类（饮料也可）**

◆**之后，什么都可以!**

对此可能会有人觉得不可思议，会反驳：不是也有“先吃蔬菜”和“把主食的碳水化合物放到后面”的说法吗？确实，这些做法从预防饭后血糖值飙升的角度来讲是可取的。但是，肠道有偏爱温热食物的天性。相反，寒凉的食物会刺激肠道使之受凉，给肠道增加不必要的负担。受到这种刺激之后，肠道机能便会下降，位置会逐渐下移。按照这种情况发展，肠道机能会进一步下降，最终想瘦也瘦不了。所以，请大家牢记要先用温热的食物温暖肠道。比如夏天想吃劲道的冷面的时候，可以先喝一杯温茶，这样可以减轻肠道负担哦。吃沙拉的时候，先喝几口味噌汤。按照这样的顺序吃饭，肠道会无比欢欣的！

最强塑形饮料——热豆浆

“世上要是有最强塑形饮料的话，我每天都会喝……”对于心存这种想法的女性，我强烈推荐**热豆浆**。虽说是豆浆，但既不是咖啡豆浆、草莓豆浆这种甘甜的豆浆饮料，也不是添加了糖类和香料的调制豆浆。**而是仅仅用大豆和水制成的有机豆浆。**这是你唯一的明智之选！

富含优质蛋白质并且有利于大脑活络的卵磷脂、抑制脂肪吸收的大豆皂角苷、具有与雌性激素相似作用的大豆异黄酮……就这些宝贵的成分含量来说，有机豆浆远远优于调制豆浆！所以，请尽量只喝有机豆浆。

从肠道的角度分析会发现一个亮点：豆浆的主要成分——大豆中含有大豆低聚糖。低聚糖是有益于人体的“变异物”。它与前文中提到的香蕉的低聚果糖一样，不容易被胃和十二指肠消化吸收，所以能被输送到大肠，为有益菌提供生长繁殖的营养。作为睡前的提升肠道位置的习惯，请大家一定要在休息前喝一杯热豆浆。温热的食物有利于血液循环，改善副交感神经的机能，使人产生睡意；而寒凉的食物则会刺激我们的胃部，使身体兴奋。

但是，也不要饮用过多的豆浆。由于大豆异黄酮有类似雌性激素的机能，摄入过多，则会导致生理周期紊乱，进而引发各种问题。所以请每天只饮用一杯热豆浆。

发酵食品是超级肠道食品

我和许多女性朋友谈论过肠道食品，我对她们的反应很感兴趣。当我提及很受媒体热捧的“超级食品”时，大家的面部表情就会变得神采奕奕的。比如奇亚籽、藜麦、苋菜等令人耳目一新的食材。这一定是由于它能让人感受到“国际范儿”和“时髦风”。然而，当我谈到传统的发酵食品，大家的神情便会黯然失色。比如纳豆、味噌、酱油、醋、咸菜、泡菜、腌白菜、干笋、干制鲣鱼、豆腐、甜米酒、青梅酒等。大概是这些食物“好土哦！”的印象已经深入人心了。对此，我深感惋惜。

把这种传统的发酵食品比作男人的话，那它一定是质朴无华、从不花天酒地、认真诚实、长情专一、阳刚健壮的劳动者形象。对，它就是让你觉得“嫁人要嫁这种人”的完美的食材。

那么，发酵食品为什么有益于我们的肠道呢？这是因为**食品在发酵过程中会产生许多新的成分和营养**。会产生哪种成分和营养元素，虽然依食材不同而不同，但是有一点却是共通的，那就是微生物分解出的氨基酸和糖类与发酵前相比营养价值和甜度都会提高。通常，很多对身体有益的有效成分会被胃酸破坏从而难以抵达肠道。但是，**发酵食品所含的有效成分有很强的抗胃酸性，能够轻易抵达肠道**。而且，发酵食品所含的有效成分即便被胃酸“击毙”，它的“尸骨”也会化作有益菌的粮食，为改善肠道内环境做出自己的贡献。真可谓是“鞠躬尽瘁”。有这种情怀的食材，大概发酵食品是绝无仅有的吧。

当然，发酵食品虽对肠道大有裨益，但也不能无节制地食用。特别是咸菜和奶酪这种含盐量高的食品。酸奶虽是出色的发酵食品，但也有脂肪过多和膳食纤维较少的弊端，也不宜过多食用。

不使肠道下垂的“酒局”

可能有人会想：“为了不使肠道下垂，应该戒酒吧？”酗酒自然是禁止的，但可以适度饮酒。根据种类不同，也有那种能够促进肠道提升的，有益健康的酒，比如**青梅酒**。这种酒也是不含糖的好，严格地说，应该是没使用砂糖的青梅酒。而且以青梅果实多者为最佳。

每粒青梅大约含有1克的膳食纤维，具有改善肠道的效果。另外，由于青梅酒中含有较为丰富的柠檬酸，还可以刺激肠道，促进其蠕动运动。有益菌和有害菌在肠道里总是争斗不息，但柠檬酸有把肠道改变为利于有益菌增殖的偏酸性环境的功能。

如果菜单没青梅酒，或者只有含砂糖的青梅酒的话，我想向大家推荐第二种选择——**用开水稀释的烧酒**。这样的烧酒，与冰镇啤酒不同，不会使肚子受凉。而且，烧酒里含有的沙门氏菌等有抑制有害菌增殖的功能。所以，即便是抱着给肠道杀菌的心态也是可以尝试一下这种酒的吧。当然，烧酒虽好，可不要贪杯哦，每天喝200毫升青梅酒、100毫升烧酒（25度）即可。

这两种酒都经过发酵，有提升肠道位置的功效。选择喝发酵的酒，连酒桌上的欢聚时光，都能变成肠道提升时间。这是多么振奋人心的消息呀！

喝后不打嗝的碳酸水是吾身之友

要说不使肠道下垂的“肠道饮料”，我推荐大家常喝碳酸水。碳酸水能使肠道自然膨胀，可防止饮食过量。而且，得益于碳酸气泡的刺激，胃部和十二指肠黏膜的血流更加通畅，营养的吸收情况也能够得以改善。另外，受碳酸气泡的刺激，肠道的消化活动也变得活跃，促进排便，具有通便的效果。通便之后肠道会变轻，肠道体操也会事半功倍。

“喝碳酸水的习惯＋肠道体操”的模式，能够使肠道的位置以看得见的速度上升。碳酸水虽然益处颇多，但要是肚子受凉，就得不偿失了。所以，即便是盛夏时节，也请选择常温的碳酸水。

碳酸水中以碳酸气泡细腻者为最佳。细腻的碳酸气泡能够有节奏地刺激肠道，而且这样的碳酸水本身也易于消化吸收。而碳酸气泡过大的话，即便被输送至肠道，也不易于消化吸收，反而可能会给肠道增加负担。一般来说，比起软水的碳酸水，硬水的碳酸水的气泡会更加细腻。市场上有五花八门的碳酸水，可以逐一尝试，选择一款喝后既不肚胀也不打嗝的碳酸水。

致胖的“油”和不会致胖的“油”

优质的食用油对于肠道来说是可喜的润滑油。它有助于顺畅地运输食物残渣，改善排便状况，减轻肠道负担等。从有益肠道的角度来看，理想的食用油大体分为以下三类：

◆**米油，**一种介于 ω-6 类和 ω-9 类之间的油；

◆**特级初榨橄榄油，** ω-9 类的油；

◆**亚麻籽油、紫苏油、苏子油、奇亚籽油**等 ω-3 类的油。

当然，毕竟是油，摄入过量的话肯定会发胖，但是为了润肠通便，还请积极尝试一下。需要特别注意的是第三类油。这种油遇火就会失效。所以还是直接加到胡萝卜汁或思慕雪中比较好。在日常生活中不断摄入这些油，对肠道提升大有裨益。我还推荐另一种食用方法：在油中兑进等量的酱油等，作为调味汁使用。

第一类油和第二类油可以加热食用。特别是最近很热门的“米油”，由于它可以广泛地用于菜肴和点心并且十分方便，极力推荐哦！

使肠道不下垂的“低聚糖生活”

最后，我想给大家推荐一下老少咸宜的（这里指两三岁以上的小孩子）**倍受肠道喜爱的甜味调味品——低聚糖**。行文至此，已经陆续给大家介绍了不少“某某低聚糖”，低聚糖是大约二十种的糖类的总称。其中有一些糖类有利于改善肠道内环境，提高肠道位置，现罗列如下：

◆前文提及的低聚果糖，多含于香蕉、牛蒡、洋葱、大蒜等食物中。

◆低聚异麦芽糖，多含于蜂蜜中。

◆低聚半乳糖，多含于牛奶等乳制品中。

◆大豆低聚糖，多含于大豆、豆浆、味噌等食品中。

这些低聚糖的好处用一句话概括就是：**不容易被胃和小肠消化**

吸收，会被原封不动地输送至大肠，成为有益菌的给养。有不少人认为低聚糖很活跃，其实这是误解，它其实是位“肠道英雄”——给有益菌不断活跃提供给养的角色。低聚糖多含于大豆、芦笋、大蒜、牛蒡、洋葱等蔬菜及蜂蜜等食物中，大家最好从这些天然食品中积极摄入低聚糖。但是市场上，在冠以“低聚糖”名称的甜调味品中，有不少商品比低聚糖含有更多的蔗糖，还有一些人工加工的甜调味品里含有不少其他的添加剂。大家一定要好好看一下食品成分，再购买商品。

当然，“低聚糖”虽好，也不能贪多哦，它也有可能导致腹部下垂。我向大家推荐的菜单是：富含双歧杆菌的无糖酸奶搭配低聚糖含量丰富的甜菜糖。听起来味道还不错吧！记得要少量食用哦。

如此这般提升肠道位置，很平凡，也很简单，一点也不显得另类。掌握一点点知识，稍稍改变一下生活习惯，每天高度集中注意力 15 秒，专心做肠道体操，偶尔有意识地寻觅一些不使肠道下垂的食物。这样，便秘问题便得以改善，身心各种连锁式的不适也会烟消云散。让我们鼓足干劲，开启提升肠道位置的旅程吧！

第七章

美肠沙龙女子座谈会

肠道位置提升之后，我的世界变成了这个样子……

有一天，我邀请了三位漂亮的女性朋友在小城一隅相见。她们都是众人瞩目的模特，过着许多人都向往的光鲜艳丽的生活。但据说她们曾经都是不折不扣的“污肠夫人”。大概她们也曾肠道下垂，身心萎靡吧。

肠乃模特之命！

小野：今天我把三位美丽的模特约在一些，想开诚布公地谈谈肠道。初见时，大家好像都是严重的肠道下垂和污肠患者吧。

TAKAE：等等，等等。别揭人老底儿啊。我自从肠道提升之后就摇身一变成为美肠普拉提的教练铃木 TAKAE，我今年 37 岁。

麻友：我是佐藤麻友，今年 30 岁。以前是不注意养生的小护士。现在我的理想是成为“以肠养心”的治疗师，并以这种身份出席全球性的活动。

熏：我是渡里熏，今年 31 岁。现在在一所大学边做模特边研

究精神健康问题。从前虽然是一名护士，但由于患上了抑郁症和恐慌症就跳槽了。现在想想，迄今为止，我还真是做过不少种类的工作呢！

小野：三位女士都自我介绍完毕了，那么接下来就让我们从年纪最小的麻友开始，让她给我们分享一下自己做护士时的故事吧。

有钱难买好肌肤！

麻友：我做护士的时候，最初被分配到了急救中心。在那里，由于工作强度大，人际关系复杂，我变得不相信任何人了。由于生活不规律，我深受污肠、下肢发冷和粉刺这三大问题的困扰。也是因为自己的皮肤问题，我跳槽到了改善肌肤的美容医院。从那以后，我开始深切感受到“有钱难买好肌肤”这一残酷的现实。

小野：“有钱难买好肌肤”是什么意思呢？

麻友：许多人开始尝试美颜器之后，就渐渐沦为了“机器的奴隶”，不停地往医院跑。我眼见这种悲剧，便心生一个想法：**让更多的女性可以通过自己的努力收获美貌**。当然也包括“青春痘上长了张脸”的我。

小野：那是肠道下垂的时期吧，也是无可奈何呀。

麻友：唉。话说我为什么会肠道下垂呢，我觉得问题在于我的饮食。那时的我，**每天不是吃快餐就是吃便利店的便当**。我总是摸着自己凹凸不平的青春痘向上天祈祷：“好想回炉重造呀……”。也就是在那个时候，我经人介绍邂逅了肠道体操，也因此，我的青春痘消失不见了，不知不觉间我也拥有了年轻紧致的肌肤！

小野：麻友现在的皮肤真是漂亮呢！可以说是一场华丽的变身。那么，让 TAKAE 女士也来自爆一下肠道下垂时期的黑历史吧！

狼吞虎咽吃猪排咖喱饭

TAKAE：我曾经兼做过两份工作——模特和某民营电视台报道现场的合同工。在报道现场，工作日程被排得满满的，那里可以说是个争分夺秒的世界。当然，吃饭也都是靠外卖和便当解决。也有好多人便当放了很久还没空去吃。尤其是夏天，经常看到有员工因为担心食物中毒而把放了很久的便当扔进垃圾箱。

小野：啊，好惨！

TAKAE：因为没时间吃饭，所以有时候会**一口气吃完一份猪排咖喱饭**，仅用 **5 分钟**，这是我人生的“速食”记录。那份工作我做了两年。后来，结识了肠道体操，开始了健康的生活方式，肠道位置得以提升，还开启了同时做模特和教练的新工作。

小野：现在 TAKAE 已经是大红大紫的模特了呢，我也经常看到 TAKAE 代言的广告。接下来，让由于肠道位置提升，收获了桃花运的熏女士讲讲她的经历。

来自 90 后的邀请函

熏：我也已是半老徐娘了。既不幻想那可遇不可求的浪漫邂逅，也不再妄想和哪位翩翩公子郎情妾意。但是，肠道位置提升之后，我**突然就交了桃花运**。说出来难免有炫耀之嫌，最近有一个 20 多岁的小鲜肉向我表达爱意了呢。

小野：还是不由自主地炫耀了呀（哈哈）。我的肠道也提升了，我也好想被人“撩”啊。

熏：我和闺蜜一起去参加万圣节前夜的狂欢的时候，被两个风度翩翩的小鲜肉搭讪了。他们很绅士地邀请我们："女神可否赏脸与我们共饮一杯？"老娘沉睡已久的少女心一下子就泛滥了。当然，他们可不是什么登徒子哦。不过讲真的，肠道提升之后，人变得从容了许多，也乐于侃侃而谈了。

小野：肠道位置提升还带来了桃花运，真是不可思议啊！但是，熏也有黑历史吧。

熏：当然了。我年轻的时候真是不堪回首呀。那个时候，肠道一直是下垂状态。刚从护理大学毕业的时候，踌躇满志，想要成为一名出色的护士。但是苦于繁忙的工作和复杂的人际关系，工作才 3 个月，就萎靡不振了，经常请假。去看了心理医生，说是患上了**抑郁症、恐慌症和过度通气综合征**，建议我休假。

小野：对，这就是护士的职业病。

熏：由于过度通气，经常心悸、气喘，十分痛苦，甚至吃饭时都可能突发意识障碍，经常郁郁寡欢。现在想起来，那时的我真是太落魄了，**脸上别说是笑容了，一丝表情也没有……**真是病得一塌糊涂啊。

小野：那个时候也是无可奈何呀。

熏：最后想尽一切办法跳槽了。**通过做肠道体操提升了肠道位置，现在的我身心俱佳，自然与抑郁症、过度通气综合征以及恐慌症脱离关系了。**

污肠夫人呼吸浅而短

麻友：在肠道下垂的时期，大家有没有呼吸困难的症状？我由于驼背，呼吸很浅，有时候甚至像停止呼吸了一样。后来我接触了肠道体操，肠道上升之后，便没这种毛病了。在浴室洗澡的时候，**我总是赤裸身体在全身镜前站10分钟，有意识地给呼吸专用时间。在这10分钟里，全神贯注地观察自己的胸膛随呼吸而产生的起起伏伏。**

小野：这才是真正的肠道体操呀！

麻友：有时候身体不适，胸膛的起伏就会出现异常，每逢这种时候，我会一边调理身体，一边有意识地扩张胸部。冬季天寒，我坐在椅子上一边泡脚一边调整呼吸，在这个时间段里，也可以护发，有效地利用时间。

熏：呼吸非常重要，我深知吐纳的重要性。

小野：肠道下垂的人，呼吸确实偏浅。深呼吸也是不错的肠道体操哦，因为有意识地进行腹式呼吸，可以整顿自主神经，使我们远离各种身体不适。那么，现在大家都保持着什么样的美肠习惯呢？

模特们沙里淘金寻得的终极身材管理法

麻友：我的话，在意识到需要提升肠道位置之后，主要是每天对着镜子做肠道体操。肠道不断提升使我心情愉悦。

TAKAE：我也坚信肠道体操是最强的身材管理法。此外，注重胸式呼吸并且做普拉提，对肠道提升来说具有锦上添花之效。

熏：我也从肠道体操中受益匪浅。虽说每天只在蹲马桶的前30秒做一次，做得这么马虎，但我的肠道位置也提升了。一个明显的表现就是我吃高热量的食物也不太容易胖了！每年我都会到国外出差好几次，我顿顿都吃大餐，但回国之后体重并没有什么变化。我还胡吃海塞了很多薯条和汉堡包。肠道提升之后再做运动，减肥效果似乎倍增了，尤其是跑完马拉松。

小野：当然，在肠道位置上升的状态下运动，最棒了。

小蛮腰出现了！

TAKEA：我从5分钟吃完猪排咖喱饭的工作单位离职后，就接触了肠道体操。为了取得普拉提教练资格证，我开始直面我的身体，**认真做了两个月的肠道体操，我第一次拥有了纤细的小蛮腰。**

小野：你的小蛮腰也被埋没了好多年呀。不过，得益于肠道体操，小蛮腰失而复得，真是好极了！

肠道咕嘟咕嘟地动了！

熏：承蒙小野小姐不吝赐教，我学会了肠道体操。我照做之后，体会到了一种前所未有的快感。我真切地感受到了自己的肠道咕嘟咕嘟地动！**那是一种使人陶醉，令人惊异，前所未有的感觉。**

小野：客气客气，这真是太好了，听到你幸福的体验，我真是很高兴。（哈哈）

脑筋更灵活!

小野：接下来让我们听一个清新脱俗的爱情故事吧。有请麻友！听说麻友邂逅自己的白马王子之后更聪明了呢。麻友的男朋友还是位菲律宾小帅哥吧。

麻友：这发生在我辞掉护士的工作，在家给自己“充电”的时候。有一天，我去正在菲律宾留学的朋友家做客，在当地的一家小酒馆里，我突然被表白了。我被他的热情和纯真所打动，就同意了和他交往。现在我们俩三个月进行一次跨国约会。

小野：这也太浪漫了！真不愧是肠道位置上升了的人呀！

麻友：你可能会惊讶我居然能和菲律宾人沟通无碍。其实我在学习他的语言。我现在一直在学他讲的宿务语。宿务语真的很难学。

小野：不好意思，宿务语是……

麻友：宿务语是菲律宾的小语种，学习用的参考书很少，所以我和他现在是在用我贫乏的英语和宿务语混杂着交流。一直以来我都对自己的英语很绝望，但因为想和他说话，我便努力学习英语，而且不以为苦。这大概也是因为在认识他之前我的肠道就已经提升了，所以脑袋也变得好使了。

小野：真是精辟呀。让我们回味麻友精彩分享的同时再谈一谈重中之重的经济问题吧。

花销骤减

TAKAE：开始关注肠道位置之后，大家都会重新审视自己的菜单吧，小到一包调味料，大到一日三餐。也会倾向于一些有机和无农药的食材。但是这么一来，就会不禁感慨：饭费剧增，总觉得性价比有点低呀。

小野：确实如此！这是提升肠道位置的普遍情况哦。

TAKEA：但是从长远来看，性价比却很高，因为远离了食材中的添加剂和农药残留，所以就规避了致病的风险。而且，因为是贵重的调味料所以自己会节约使用，每次消耗也不多。

麻友：我也有同感！另外，健康的食材还是天然的化妆品。我这不是在打比方哦，我会用这些食物护肤的。

大家都惊呆了，齐呼**“还有这种操作？”**

麻友：大多数的女性朋友每月应该都会花费 5000 日元（约合 291 元人民币）用于基础的护肤吧。我用酒糟代替洗面奶和面膜。洗完脸后，用橄榄油和椰子油充当保湿水，椰子油也可以当牙膏用。因为我平时不涂粉底和睫毛膏，所以也不需要卸妆水。用可以吃的东西护肤，我很放心。如此一来，买东西的频率戏剧性地减少了，家里的杂物也随之减少了。购物这种琐事减少之后，我们就会有更多的精力专注地做应该做的事。我的话，是学习宿务语……

TAKAE：我也赞成精简家里的杂物！只想保留自己喜欢的东西，但实行起来还是比较困难的，我的理想状态是“全舍离”！

熏：要是能做到家中无杂物，肠道无宿便就好了。

小野：不管怎么说，“极简生活”才是最佳的选择呀。如此一来，不可思议的事情发生了：我们的钱包慢慢鼓起来了。说起我的事，

那真是一把辛酸泪呀。在我还是污肠夫人的时候，身患严重的便秘，工作压力巨大，便想着以“买买买”的方式排遣压力，如此一来便会感到自己虽然在拼命赚钱，存款却还是少得可怜！

现在经营沙龙，虽然花得不少，但挣得更多。“收人钱财＝受人谢意”对吧，所以我觉得自己有更多的机会去帮助别人，我非常感谢大家的信任和支持。在我便秘的时候，根本没有闲情逸致去留意周围的人和事，现在肠道放空了，觉得自己获得了新生……

结论！肠道位置改变女性！

TAKAE：一般来说，年轻的女人会看起来更漂亮，但是我则不同，现在的我，肠道位置提升了，变得身材苗条，肌肤吹弹可破，长发乌黑油亮，显得温婉美丽。能够以模特的身份出现在众人面前了。所以说，肠道位置改变人生！

麻友：与肠道下垂的时候迥然不同，粉刺和便秘都与我无关了。不仅如此，我还接到了一份关于天然化妆品演讲的邀请函，收获了值得信赖的伙伴。上升的肠道万岁！

熏：我觉得肠道位置是受欢迎与否的晴雨表，说白了就是有无

男人缘。肠道下垂的时候我根本不受欢迎，给男同事添了麻烦就只能连声道歉，不像有些人卖个萌就好了。我记得有人说我“长得真是……一言难尽呀”（哈哈）。但肠道位置提升之后，一向害羞的我也变得友好健谈了，年逾 30 还有人追求。

小野：大家有的事业运变兴旺了，有的重获丽质肌肤进而收获了伙伴，有的交际能力提升了，仅仅是因为肠道提升了，整个人都变得幸福了，而且，大家都是拥有黑历史的污肠夫人。可见，不论你的污肠状况如何，只要肠道位置提升了，就能一举改写人生！

熏：现在的我，魅力足以让帅哥立刻向我求婚！

小野：你这种近乎妄想的乐观想法，也是拜上升的肠道所赐吧，能够以一种欢快的心情开玩笑，真是好极了。为了我们的终身幸福，再接再厉，提升肠道位置吧！

在浴池中提升肠道位置！“轻敲腹部”

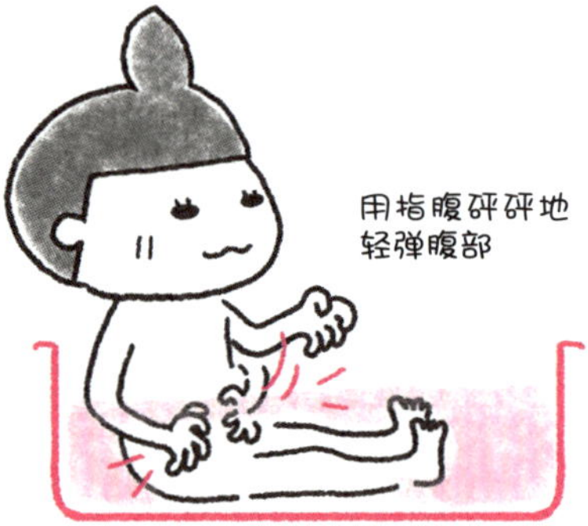

我想给大家推荐一个与肠道体操配套使用的技巧——在浴池里做的“轻敲腹部法”，请大家一定要把这个技巧作为“肠道提升的习惯”践行。从字面意思来看，“轻敲”是指敲击某物以使指肚被轻轻弹起这种动作，现在，在全世界范围内被广泛用于身心治疗和亲肤育儿法。做法很简单，却有减轻不安焦虑和消极情绪的作用，也有助于安定情绪，使人冷静，这个方法的效用是被医学所证实了的。现在让我们把它活用于提升肠道位置吧。

我为什么推荐大家把轻敲腹部法作为提升肠道位置的习惯呢？这是因为轻敲腹部有助于促进肠道周围血液流速，活化肠道机能。另外，肠道会轻飘飘地浮动，这样其位置自然会上升。

请大家品味一下，“肠道轻飘飘地浮动”，这是多么美好的字眼呀！轻敲法，这个名字听起来让人觉得一头雾水，但实际上极易上手，因为它只有一个动作——用指肚轻敲腹部。但是这个方法对操作地点有要求，最佳场所是水温适中的浴池，具体来讲是 37 摄氏度到 42 摄氏度，水温要稍高于我们的体温。**请大家在做的时候，要以肚脐为中心，按顺时针方向转动着敲击，旋转出层层漩涡，而且敲击的部位要一圈圈地向外扩大。**

为什么浴池是最佳场所呢？这是因为我们可以借助水的压力。由于水的压力的存在，内脏比较容易上浮，腹部肌肉受水压的影响会变得松弛，这个时候给予其一定的刺激，能够收获倍增的肠道提升效果，这正是我们所寻求的。

想提升肠道位置的初衷很好，但不能用力过猛导致肚子疼痛。以两种感觉为标准，出现这两种感觉时一定要停手。一是“好舒服啊”，另一种是“虽然有一点痛，但还是挺舒服的”。如果在轻敲腹部时感到有“疙瘩”或者“与平时不一样的存在”，可能是出现了某种病症，建议大家尽快去医院就诊（请大家对这条建议抱有“能尽早发现病症太好了”的好感哦）。

这个方法每天仅需做 1 分钟即可。让我们怀着悠闲的心境，在温暖的浴池里，放松自己，做肠道体操吧！

结 语

现在正是拂去你心头那片便便状阴云的时候

我从小就遗传了母亲便秘的毛病，母亲非常担心我，我还记得她戴上橡胶手套为我“取便便”的情景，经验丰富的人在手上涂上润滑油“取便便”的话，一点儿也不会痛。即便是不痛，对于这种事情我内心也是拒绝的，但是长时间便秘的话，也只能如此，我的便秘状况一直未能改善。

高中的时候我加入了网球部，我一直努力训练，想要参加高中校际比赛。但是，在参加比赛的“长征之路”上，由于我频繁地去卫生间，经常会拖慢大家的行程。同学会的时候，大家经常会取笑我，“比起去球场，你去卫生间的次数更多一些。”

我曾病急乱投医，**经常故意暴食一些水分多的食物，想以此使腹部着凉，然后拉肚子，解决便秘问题**。比如在早上和晚上吃大量的西瓜，随后便会肚子痛，继而排泄。此外，还有老生常谈的牛奶（一口气喝完 500 毫升），富含膳食纤维的玉米。我还试过号称“专治便秘”的番泻茶。

拜这些疯狂的方法所赐，我的便便很奇怪。一种是便秘固有的“硬便便”，另一种是人为的腹泻的“稀便便”。每次排出的便便，非此即彼，自然会疼痛难忍。最终只能去肛肠科就诊，医生语重心长地对我说：“这种疼痛能够用栓剂抑制，但是从根本上讲，你需要靠你自己使肠道舒畅。”

于是，我便开始了“探求解决便秘问题的方法之旅”。先是做护士，之后去了便秘门诊，这可以说是自然而然的变动吧。在这之后，我专门学习了肠道知识，在此基础上开发了肠道体操。功夫不负有心人，我成功提升了自己的肠道位置，再不是“便秘女”了。之后，开启了自己“美肠护士”的职业生涯。

在肠道位置上升之前，我的心头一直漂浮着便便状的阴云，现在的你是不是也如此痛苦不堪呢？其实解决方法极其简单，只要肠道位置能够上升，心胸便会豁然开朗，心情也会青春阳光。

有许多人由于肠道下垂，备受便秘的折磨。这是我在接触过许多患者之后，深切体会到的事实。他们一定和过去的我一样漫无目的地寻求良方，痛苦着，烦恼着，也彷徨着，坐立不安又束手无策。

有许多专注于肠道的通便法、美容法和养生法。但它们都没触及到核心问题——肠道的位置。“肠道的内涵”固然重要，但解决便秘问题需要从“肠道的外在”入手，如果从肠道的外在入手，肠道的内涵自然会随之得以改善，反之则不成立，如果从肠道的内涵着手，这将对肠道外表的改善毫无益处。

对于肠道来说，颜值即正义。肠道“身居高位”至关重要。直截了当地讲，肠道位置若能提升，各种问题都会迎刃而解。“我愿一生一世做一个‘腹高女’”，如果你有这种心愿，那么我会为你守护这个心愿，一生一世。

小野咲

图书在版编目（CIP）数据

每天15秒塑形法：打造凹凸有致好身材 /（日）小野咲著 ；牛森林译. -- 南京 ：江苏凤凰文艺出版社，2019.1

ISBN 978-7-5594-2682-6

Ⅰ. ①每… Ⅱ. ①小… ②牛… Ⅲ. ①健身运动－基本知识 Ⅳ. ①G883

中国版本图书馆CIP数据核字(2018)第182232号

书名	每天15秒塑形法　打造凹凸有致好身材
著者	［日］小野咲
译者	牛森林
责任编辑	孙金荣
特约编辑	李雁超
项目策划	凤凰空间/李雁超
封面设计	张僅宜
内文设计	张僅宜
出版发行	江苏凤凰文艺出版社
出版社地址	南京市中央路165号，邮编：210009
出版社网址	http://www.jswenyi.com
印刷	北京博海升彩色印刷有限公司
开本	889毫米×1194毫米　1/32
印张	4
字数	128千字
版次	2019年1月第1版　2019年1月第1次印刷
标准书号	ISBN 978-7-5594-2682-6
定价	49.80元